"问道·强国之路"丛书　　主编＿＿董振华

建设制造强国

刘文强——主编

中国电子信息产业发展研究院——组织编写

中国青年出版社

"问道·强国之路"丛书

出版说明

为中国人民谋幸福、为中华民族谋复兴，是中国共产党的初心使命。

中国共产党登上历史舞台之时，面对着国家蒙辱、人民蒙难、文明蒙尘的历史困局，面临着争取民族独立、人民解放和实现国家富强、人民富裕的历史任务。

"蒙辱""蒙难""蒙尘"，根源在于近代中国与工业文明和西方列强相比，落伍、落后、孱弱了，处处陷入被动挨打。

跳出历史困局，最宏伟的目标、最彻底的办法，就是要找到正确道路，实现现代化，让国家繁荣富强起来、民族振兴强大起来、人民富裕强健起来。

"强起来"，是中国共产党初心使命的根本指向，是近代以来全体中华儿女内心深处最强烈的渴望、最光辉的梦想。

从1921年红船扬帆启航，经过新民主主义革命、社会主义革命和社会主义建设、改革开放和社会主义现代化建设、中国特色社会主义新时代的百年远征，中国共产党持续推进马克思主义基本原理同中国具体实际相结合、同中华优秀传统文化相结合，在马克思主义中国化理论成果指引下，带领全国各族人民走出了一条救国、建国、富国、强国的正确道路，推动中华民族迎来了从站起来、富起来到强起来的伟大飞跃。

一百年来，从推翻"三座大山"、为开展国家现代化建设创造根本社会条件，在革命时期就提出新民主主义工业化思想，到轰轰烈烈的社会主义工业化实践、"四个现代化"宏伟目标，"三步走"战略构想，"两个一百年"奋斗目标，中国共产党人对建设社会主义现代化强国的孜孜追求一刻也没有停歇。

新思想领航新征程，新时代铸就新伟业。

党的十八大以来，中国特色社会主义进入新时代，全面"强起来"的时代呼唤愈加热切。习近平新时代中国特色社会主义思想立足实现中华民族伟大复兴战略全局和世界百年未有之大变局，深刻回答了新时代建设什么样的社会主义现代化强国、怎样建设社会主义现代化强国等重大时代课题，擘画了建设社会主义现代化强国的宏伟蓝图和光明前景。

从党的十九大报告到党的十九届五中全会通过的《中共中央关于制定国民经济和社会发展第十四个五年规划和二〇三五年远景目标的建议》、党的十九届六中全会通过的《中共中央关于党的百年奋斗重大成就和历史经验的决议》，建设社会主义现代化强国的号角日益嘹亮、目标日益清晰、举措日益坚实。在以习近平同志为核心的党中央的宏伟擘画中，"人才强国"、"制造强国"、"科技强国"、"质量强国"、"航天强国"、"网络强国"、"交通强国"、"海洋强国"、"贸易强国"、"文化强国"、"体育强国"、"教育强国",以及"平安中国"、"美丽中国"、"数字中国"、"法治中国"、"健康中国"等,一个个强国目标接踵而至,一个个美好愿景深入人心,一个个扎实部署深入推进,推动各个领域的强国建设按下了快进键、迎来了新高潮。

"强起来",已经从历史深处的呼唤,发展成为我们这个时代的最高昂旋律;"强国建设",就是我们这个时代的最突出使命。为回应时代关切,2021年3月,我社发起并组织策划出版大型通俗理论读物——"问道·强国之路"丛书,围绕"强国建设"主题,系统集中进行梳理、诠释、展望,帮助引导大众特别是广大青年学习贯彻习近平新时代中国特色社会主义思想,踊跃投身社会主义现代化强国建设伟大实践,谱写壮美新时代之歌。

"问道·强国之路"丛书共17册,分别围绕党的十九大报告等党的重要文献提到的前述17个强国目标展开。

丛书以习近平新时代中国特色社会主义思想为指导,聚焦新时代建设什么样的社会主义现代化强国、怎样建设社会主义现代化强国,结合各领域实际,总结历史做法,借鉴国际经验,展现伟大成就,描绘光明前景,提出对策建议,具有重要的理论价值、宣传价值、出版价值和实践参考价值。

丛书突出通俗理论读物定位,注重政治性、理论性、宣传性、专业性、通俗性的统一。

丛书由中央党校哲学教研部副主任董振华教授担任主编,红旗文稿杂志社社长顾保国担任总审稿。各分册编写团队阵容权威齐整、组织有力，既有来自高校、研究机构的权威专家学者，也有来自部委相关部门的政策制定者、推动者和一线研究团队；既有建树卓著的资深理论工作者，也有实力雄厚的中青年专家。他们以高度的责任、热情和专业水准，不辞辛劳，只争朝夕，潜心创作，反复打磨，奉献出精品力作。

在共青团中央及有关部门的指导和支持下，经过各方一年多的共同努力，丛书于近期出版发行。

在此，向所有对本丛书给予关心、予以指导、参与创作和编辑出版的领导、专家和同志们诚挚致谢！

让我们深入学习贯彻习近平新时代中国特色社会主义思想，牢记初心使命，盯紧强国目标，奋发勇毅前行，以实际行动和优异成绩迎接党的二十大胜利召开！

中国青年出版社

2022年3月

．

"问道·强国之路"丛书总序：

沿着中国道路，阔步走向社会主义现代化强国

　　实现中华民族伟大复兴，就是中华民族近代以来最伟大的梦想。党的十九大提出到2020年全面建成小康社会，到2035年基本实现社会主义现代化，到本世纪中叶把我国建设成为富强民主文明和谐美丽的社会主义现代化强国。在中国这样一个十几亿人口的农业国家如何实现现代化、建成现代化强国，这是一项人类历史上前所未有的伟大事业，也是世界历史上从来没有遇到过的难题，中国共产党团结带领伟大的中国人民正在谱写着人类历史上的宏伟史诗。习近平总书记在庆祝改革开放40周年大会上指出："建成社会主义现代化强国，实现中华民族伟大复兴，是一场接力跑，我们要一棒接着一棒跑下去，每一代人都要为下一代人跑出一个好成绩。"只有回看走过的路、比较别人的路、远眺前行的路，我们才能够弄清楚我

们为什么要出发、我们在哪里、我们要往哪里去，我们也才不会迷失远航的方向和道路。"他山之石，可以攻玉。"在建设社会主义现代化强国的历史进程中，我们理性分析借鉴世界强国的历史经验教训，清醒认识我们的历史方位和既有条件的利弊，问道强国之路，从而尊道贵德，才能让中华民族伟大复兴的中国道路越走越宽广。

一、历经革命、建设、改革，我们坚持走自己的路，开辟了一条走向伟大复兴的中国道路，吹响了走向社会主义现代化强国的时代号角。

党的十九大报告指出："改革开放之初，我们党发出了走自己的路、建设中国特色社会主义的伟大号召。从那时以来，我们党团结带领全国各族人民不懈奋斗，推动我国经济实力、科技实力、国防实力、综合国力进入世界前列，推动我国国际地位实现前所未有的提升，党的面貌、国家的面貌、人民的面貌、军队的面貌、中华民族的面貌发生了前所未有的变化，中华民族正以崭新姿态屹立于世界的东方。"中国特色社会主义所取得的辉煌成就，为中华民族伟大复兴奠定了坚实的基础，中国特色社会主义进入了新时代。这意味着中国特色社会主义道路、理论、制度、文化不断发展，拓展了发展中国家走向现代化的途径，给世界上那些既希望加快发展又希望保持自身独立性的国家和民族提供了全新选择，为解决人类问题贡献了中国智慧和中国方案，同时也昭示着中华民族伟大复兴的美好前景。

新中国成立70多年来，我们党领导人民创造了世所罕见的经济快速发展奇迹和社会长期稳定奇迹，以无可辩驳的事实宣示了中国道路具有独特优势，是实现伟大梦想的光明大道。习近平总书记在《关于〈中共中央关于制定国民经济和社会发展第十四个五年规划和二〇三五年远景目标的建议〉的说明》中指出："我国有独特的政治优势、制度优势、发展优势和机遇优势，经济社会发展依然有诸多有利条件，我们完全有信心、有底气、有能力谱写'两大奇迹'新篇章。"但是，中华民族伟大复兴绝不是轻轻松松、敲锣打鼓就能实现的，全党必须准备付出更为艰巨、更为艰苦的努力。

过去成功并不意味着未来一定成功。如果我们不能找到中国道路成功背后的"所以然"，那么，即使我们实践上确实取得了巨大成功，这个成功也可能会是偶然的。怎么保证这个成功是必然的，持续下去走向未来？关键在于能够发现背后的必然性，即找到规律性，也就是在纷繁复杂的现象背后找到中国道路的成功之"道"。只有"问道"，方能"悟道"，而后"明道"，也才能够从心所欲不逾矩而"行道"。只有找到了中国道路和中国方案背后的中国智慧，我们才能够明白哪些是根本的因素必须坚持，哪些是偶然的因素可以变通，这样我们才能够确保中国道路走得更宽更远，取得更大的成就，其他国家和民族的现代化道路才可以从中国道路中获得智慧和启示。唯有如此，中国道路才具有普遍意义和世界意义。

二、世界历史沧桑巨变，照抄照搬资本主义实现强国是没有出路的，我们必须走出中国式现代化道路。

现代化是18世纪以来的世界潮流，体现了社会发展和人类文明的深刻变化。但是，正如马克思早就向我们揭示的，资本主义自我调整和扩张的过程不仅是各种矛盾和困境丛生的过程，也是逐渐丧失其生命力的过程。肇始于西方的、资本主导下的工业化和现代化在创造了丰富的物质财富的同时，也拉大了贫富差距，引发了环境问题，失落了精神家园。而纵观当今世界，资本主义主导的国际政治经济体系弊端丛生，中国之治与西方乱象形成鲜明对比。照抄照搬西方道路，不仅在道义上是和全人类共同价值相悖的，而且在现实上是根本走不通的邪路。

社会主义是作为对资本主义的超越而存在的，其得以成立和得以存在的价值和理由，就是要在解放和发展生产力的基础上，消灭剥削，消除两极分化，最终实现共同富裕。中国共产党领导的社会主义现代化，始终把维护好、发展好人民的根本利益作为一切工作的出发点，让人民共享现代化成果。事实雄辩地证明，社会主义现代化建设不仅造福全体中国人民，而且对促进地区繁荣、增进各国人民福祉将发挥积极的推动作用。历史和实践充分证明，中国特色社会主义不仅引领世界社会主义走出了苏东剧变导致的低谷，而且重塑了社会主义与资本主义的关系，创新和发展了科学社会主义理论，用实践证明了马克思主义并没有过时，依然显示出科学思想的伟力，对世界社会主义发展具有深远历史意义。

从现代化道路的生成规律来看，虽然不同的民族和国家在谋求现代化的进程中存在着共性的一面，但由于各个民族和国家存在着诸多差异，从而在道路选择上也必定存在诸多差异。习近平总书记指出："世界上没有放之四海而皆准的具体发展模式，也没有一成不变的发展道路。历史条件的多样性，决定了各国选择发展道路的多样性。"中国道路的成功向世界表明，人类的现代化道路是多元的而不是一元的，它拓展了人类现代化的道路，极大地激发了广大发展中国家"走自己道路"的信心。

三、中国式现代化遵循发展的规律性，蕴含着发展的实践辩证法，是全面发展的现代化。

中国道路所遵循的发展理念，在总结发展的历史经验、批判吸收传统发展理论的基础上，对"什么是发展"问题进行了本质追问，从真理维度深刻揭示了发展的规律性。发展本质上是指前进的变化，即事物从一种旧质态转变为新质态，从低级到高级、从无序到有序、从简单到复杂的上升运动。在发展理论中，"发展"本质上是指一个国家或地区由相对落后的不发达状态向相对先进的发达状态的过渡和转变，或者由发达状态向更加发达状态的过渡和转变，其内容包括经济、政治、社会、科技、文化、教育以及人自身等多方面的发展，是一个动态的、全面的社会转型和进步过程。发展不是一个简单的增长过程，而是一个在遵循自然规律、经济规律和社会规律基础上，通过结构优化实现的质的飞跃。

发展问题表现形式多种多样，例如人与自然关系的紧张、贫富差距过大、经济社会发展失衡、社会政治动荡等，但就其实质而言都是人类不断增长的需要与现实资源的稀缺性之间的矛盾的外化。我们解决发展问题，不可能通过片面地压抑和控制人类的需要这样的方式来实现，而只能通过不断创造和提供新的资源以满足不断增长的人类需要的路径来实现，这种解决发展问题的根本途径就是创新。改革开放40多年来，我们正是因为遵循经济发展规律，实施创新驱动发展战略，积极转变发展方式、优化经济结构、转换增长动力，积极扩大内需，实施区域协调发展战略，实施乡村振兴战略，坚决打好防范化解重大风险、精准脱贫、污染防治的攻坚战，才不断推动中国经济更高质量、更有效率、更加公平、更可持续地发展。

发展本质上是一个遵循社会规律、不断优化结构、实现协调发展的过程。协调既是发展手段又是发展目标，同时还是评价发展的标准和尺度，是发展两点论和重点论的统一，是发展平衡和不平衡的统一，是发展短板和潜力的统一。坚持协调发展，学会"弹钢琴"，增强发展的整体性、协调性，这是我国经济社会发展必须要遵循的基本原则和基本规律。改革开放40多年来，正是因为我们遵循社会发展规律，推动经济、政治、文化、社会、生态协调发展，促进区域、城乡、各个群体共同进步，才能着力解决人民群众所需所急所盼，让人民共享经济、政治、文化、社会、生态等各方面发展成果，有更多、更直接、更实在的获得感、幸福感、安全感，不断促进人的全面发展、全体人民共同富裕。

人类社会发展活动必须尊重自然、顺应自然、保护自然，遵循自然发展规律，否则就会遭到大自然的报复。生态环境没有替代品，用之不觉，失之难存。环境就是民生，青山就是美丽，蓝天也是幸福，绿水青山就是金山银山；保护环境就是保护生产力，改善环境就是发展生产力。正是遵循自然规律，我们始终坚持保护环境和节约资源，坚持推进生态文明建设，生态文明制度体系加快形成，主体功能区制度逐步健全，节能减排取得重大进展，重大生态保护和修复工程进展顺利，生态环境治理明显加强，积极参与和引导应对气候变化国际合作，中国人民生于斯、长于斯的家园更加美丽宜人。

正是基于对发展规律的遵循，中国人民沿着中国道路不断推动科学发展，创造了辉煌的中国奇迹。正如习近平总书记在庆祝改革开放40周年大会上的讲话中所指出的："40年春风化雨、春华秋实，改革开放极大改变了中国的面貌、中华民族的面貌、中国人民的面貌、中国共产党的面貌。中华民族迎来了从站起来、富起来到强起来的伟大飞跃！中国特色社会主义迎来了从创立、发展到完善的伟大飞跃！中国人民迎来了从温饱不足到小康富裕的伟大飞跃！中华民族正以崭新姿态屹立于世界的东方！"

有人曾经认为，西方文明是世界上最好的文明，西方的现代化道路是唯一可行的发展"范式"，西方的民主制度是唯一科学的政治模式。但是，经济持续快速发展、人民生活水平不断提高、综合国力大幅提升的"中国道路"，充分揭开了这些违背唯物辩证法"独断论"的迷雾。正如习近平总书记在庆祝改革开放40周年大会上的讲话中所指出的："在中国这样一个有着5000多年文明史、13亿多人口的大国推进改革发展，没有可以奉为金科玉律的教科书，也没有可以对中国人民颐指气使的教师爷。鲁迅先生说过：'什么是路？就是从没路的地方践踏出来的，从只有荆棘的地方开辟出来的。'"我们正是因为始终坚持解放思想、实事求是、与时俱进、求真务实，坚持马克思主义指导地位不动摇，坚持科学社会主义基本原则不动摇，勇敢推进理论创新、实践创新、制度创新、文化创新以及各方面创新，才不断赋予中国特色社会主义以鲜明的实践特色、理论特色、民族特色、时代特色，形成了中国特色社会主义道路、理论、制度、文化，以不可辩驳的事实彰显了科学社会主义的鲜活生命力，社会主义的伟大旗帜始终在中国大地上高高飘扬！

四、中国式现代化是根植于中国文化传统的现代化，从根本上反对国强必霸的逻辑，向人类展示了中国智慧的世界历史意义。

《周易》有言："形而上者谓之道，形而下者谓之器。"每一个国家和民族的历史文化传统不同，面临的形势和任务不同，人民的需要和要求不同，他们谋求发展造福人民的具体路径当然可以不同，也必然不同。中国式现代化道路的开辟充分汲取了中国传统文化的智慧，给世界提供了中国气派和中国风格的思维方式，彰显了中国之"道"。

中国传统文化主张求同存异的和谐发展理念，认为万物相辅相成、相生相克、和实生物。《周易》有言："生生之谓易。"正是在阴阳对立和转化的过程中，世界上的万事万物才能够生生不息。《国语·郑语》中史伯说："夫和实生物，同则不继。以他平他谓之和，故能丰长而物归之；若以同裨同，尽乃弃矣。"《黄帝内经素问集注》指出："故发长也，按阴阳之道。孤阳不生，独阴不长。阴中有阳，阳中有阴。"二程（程颢、程颐）认为，对立之间存在着此消彼长的关系，对立双方是相互影响的。"万物莫不有对，一阴一阳，一善一恶，阳长而阴消，善增而恶减。"他们认为"消长相因，天之理也。""理必有对待，生生之本也。"正是在相互对立的两个方面相生相克、此消彼长的交互作用中，万事万物得以生成和毁灭，不断地生长和变化。这些思维理念在中国道路中也得到了充分的体现。中国道路主张合作共赢，共同发展才是真的发展，中国在发展过程中始终坚持互惠互利的原则，欢迎其他国家搭乘中国发展的"便车"。中国道路主张文明交流，一花独放不是春，世界正是因多彩而美丽，中国在国际舞台上坚持文明平等交流互鉴，反对"文明冲突"，提倡和而不同、兼收并蓄的理念，致力于世界不同文明之间的沟通对话。

中国传统文化主张世界大同的和谐理念，主张建设各美其美的和谐世界。为世界谋大同，深深植根于中华民族优秀传统文化之中，凝聚了几千年来中华民族追求大同社会的理想。不同的历史时期，人们都从不同的意义上对大同社会的理想图景进行过描绘。从《礼记》提出"天下为公，选贤与能，讲信修睦。故人不独亲其亲，不独子其子。使老有所终，壮有所用，幼有所长，鳏寡孤独废疾者皆有所养"的社会大同之梦，到陶渊明在《桃花源记》中描述的"黄发垂髫，并怡然自乐"的平静自得的生活场景，再到康有为《大同书》中提出的"大同"理想，以及孙中山发出的"天下为公"的呐喊，一代又一代的中国人，不管社会如何进步，文化如何发展，骨子里永恒不变的就是对大同世界的追求。习近平总书记强调："世界大同，和合共生，这些都是中国几千年文明一直秉持的理念。"这一论述充分体现了中华传统文化中的"天下情怀"。"天下情怀"一方面体现为"以和为贵"，中国自古就崇尚和平、反对战争，主张各国家、各民族和睦共处，在尊重文明多样性的基础上推动文明交流互鉴。另一方面则体现为合作共赢，中国从不主张非此即彼的零和博弈，始终倡导兼容并蓄的理念，我们希望世界各国能够携起手来共同应对全球挑战，希望通过汇聚大家的力量为解决全球性问题作出更多积极的贡献。

中国有世界观，世界也有中国观。一个拥有5000多年璀璨文明的东方古国，沿着社会主义道路一路前行，这注定是改变历史、创造未来的非凡历程。以历史的长时段看，中国的发展是一项属于全人类的进步事业，也终将为更多人所理解与支持。世界好，中国才能好。中国好，世界才更好。中国共产党是为中国人民谋幸福的党，也是为人类进步事业而奋斗的党，我们所做的一切就是为中国人民谋幸福、为中华民族谋复兴、为人类谋和平与发展。中国共产党的初心和使命，不仅是为中国人民谋幸福，为中华民族谋复兴，而且还包含为世界人民谋大同。为世界人民谋大同是为中国人民谋幸福和为中华民族谋复兴的逻辑必然，既体现了中国共产党关注世界发展和人类事业进步的天下情怀，也体现了中国共产党致力于实现"全人类解放"的崇高的共产主义远大理想，以及立志于推动构建"人类命运共同体"的使命担当和博大胸襟。

中华民族拥有在5000多年历史演进中形成的灿烂文明，中国共产党拥有百年奋斗实践和70多年执政兴国经验，我们积极学习借鉴人类文明的一切有益成果，欢迎一切有益的建议和善意的批评，但我们绝不接受"教师爷"般颐指气使的说教！揭示中国道路的成功密码，就是问"道"中国道路，也就是挖掘中国道路之中蕴含的中国智慧。吸收借鉴其他现代化强国的兴衰成败的经验教训，也就是问"道"强国之路的一般规律和基本原则。这个"道"不是一个具体的手段、具体的方法和具体的方略，而是可以为每个国家和民族选择"行道"之"器"提供必须要坚守的价值和基本原则。这个"道"是具有共通性的普遍智慧，可以启发其他国家和民族据此选择适合自己的发展道路，因而它具有世界意义。

路漫漫其修远兮，吾将上下而求索。"为天地立心，为生民立命，为往圣继绝学，为万世开太平"，是一切有理想、有抱负的哲学社会科学工作者都应该担负起的历史赋予的光荣使命。问道强国之路，为实现社会主义现代化强国提供智慧指引，是党的理论工作者义不容辞的社会责任。红旗文稿杂志社社长顾保国、中国青年出版社总编辑陈章乐在中央党校学习期间，深深沉思于问道强国之路这一"国之大者"，我也对此问题甚为关注，我们三人共同商定联合邀请国内相关领域权威专家一起"问道"。在中国青年出版社皮钧社长等的鼎力支持和领导组织下，经过各位专家学者和编辑一年的艰辛努力，几易其稿。这套丛书凝聚着每一位同仁不懈奋斗的辛勤汗水、殚精竭虑的深思智慧和饱含深情的热切厚望，终于像腹中婴儿一样怀着对未来的希望呱呱坠地。我们希望在强国路上，能够为中华民族的伟大复兴奉献绵薄之力。我们坚信，中国共产党和中国人民将在自己选择的道路上昂首阔步走下去，始终会把中国发展进步的命运牢牢掌握在自己手中！

是为序！

董振华

2022年3月于中央党校

序 言

党的十八大以来，习近平总书记多次强调"制造业是立国之本、强国之基"。2015年5月国务院印发《中国制造2025》，部署全面推进实施制造强国战略。党的十九大报告明确要求"加快建设制造强国，加快发展先进制造业"，将其作为到本世纪中叶"全面建成社会主义现代化强国"的战略任务。

近年来，在党中央、国务院的正确领导下，我国制造强国建设取得显著成绩，制造业综合实力和核心竞争力明显提升，制造大国地位更加巩固，连续12年位居世界第一。党的十八大以来，我国制造业增加值从2012年的16.98万亿元增长到2021年的31.38万亿元，占全球比重从22.5%提高到30%左右。我国是全球唯一拥有联合国产业分类（41个大类、207个中类、666个小类）全部工业门类的国家，拥有世界上最完整的产业链，在500多种主要工业品中有40%以上产品产量居世界第一。在2021年发布的世界500强企业榜单中，我国工业领域有73家企业入围，比2012年增加28家。多年持续的科技投入和创新发展，大大促进制造业产业升级，制造业数字化、网络化、智能化发展步伐加快，新一代通讯装备、高铁装备、电力装备、航天装备、新能源汽车、机器人、工程机械、钢铁等行业达到国际领先或先进水平。云计算，物联网、区块链、人工智能、5G、工业互联网等新技术快速发展，制造业转型升级迈上新台阶。

　　然而也要看到，我国工业化进程起步较晚，制造业大而不强，在自主创新能力、资源利用率、产业链水平、产业结构、质量效益和信息化水平等方面与制造强国存在较大差距，航空装备、高档数控机床、高技术船舶、高性能医疗机械等高端技术装备有效供给不足，集成电路等基础零部件（元器件）、关键基础材料、基础工艺、基础软件等产业基础技术落后，不能满足市场需求。当今世界正经历百年未有之大变局，我国经济发展的内外部环境发生深刻变化，大国战略博弈不断加剧，外部势力对我国的遏制打压变本加厉，围绕产业链、供应链和关键核心技术的竞争更加激烈，我国制造业转型升级面临外部阻力明显增多。新一轮科技革命和产业变革突飞猛进，制造业产业形态、生产方式、创新体系都在发生深刻变化，数字化、网络化、智能化改变着当今国际经济、社会、产业甚至政治方面的格局和结构，深刻影响着人类生产生活方式乃至思维方式。制造业作为实体经济的核心领域和高新技术创新的源泉，也成为西方争夺其先进技术霸权的焦点。迈向第二个百年新征程的中国经济，加快推进制造强国建设就成为我们建设现代化强国的光荣使命和历史责任。

新时代的青年们，必将肩负起建设制造强国、实现中华民族伟大复兴中国梦的重任。非常欣喜地看到中国青年出版社组织编著强国系列丛书。中国电子信息产业发展研究院（赛迪研究院）作为工业和信息化部直属事业单位，长期从事我国工业发展战略和政策研究咨询、规划编制和一系列重大工程实施支撑工作；此次作为建设制造强国的编写组，倾注大量心血编著此书，从专业且通俗易懂的角度，为广大读者清晰描述了我国制造业发展的历史脉络、现实基础、对标差距以及下步建设制造强国的重点任务，也对我国制造业发展面临的突出问题进行了深刻分析。通读完此书，我相信广大读者朋友尤其是新时代青年朋友，可以对制造强国建设的最新进展和产业发展动态有全面清晰的了解，能更好地理解我们建设制造强国的目标和任务，积极加入到建设制造强国的伟大征程中来，为实现"第二个百年"奋斗目标贡献自己的力量与聪明才智！

最后，真诚向广大读者和新时代青年朋友、向相关工业企业及广大制造业行业同仁推荐《建设制造强国》一书，共同为实现制造强国发展目标而奋斗！

第十三届全国政协经济委员会副主任　　　苏　波
工业和信息化部原副部长

前 言

党的十八大以来，习近平总书记多次对发展制造业做出重要指示批示，提出"坚持走新型工业化道路""国家强大要靠实体经济""抓实体经济一定要抓好制造业"等一系列重要观点，为制造强国建设奠定了坚实的理论基础。当下，我们正处在实现"两个一百年"奋斗目标的关键时刻，加快建设制造强国具有重要的历史意义与现实意义。一方面，世界各主要发达国家的发展经验都表明，强大、完备的制造业体系是一个国家立足于世界，提升自身竞争力、话语权的根本。整体来看，近年来我国制造业发展取得显著成效，但仍处在国际产业链分工的中低端环节，以创新驱动制造业高质量发展迫在眉睫。另一方面，当前国际环境错综复杂，我国制造业发展面临的外部竞争压力日益增大，面临着发达国家围堵、后发国家承接产业转移的"双重夹击"局面，迫切需要加快制造强国建设以实现突围。

为更好推动习近平新时代中国特色社会主义思想深入人心，

加深对于建设制造强国的认识，号召广大青年与全社会一起积极投身制造强国建设的事业，特编写《建设制造强国》一书。

本书以习近平新时代中国特色社会主义思想为指导，深入全面地分析了新时代建设制造强国的重大意义、现实基础、未来目标、重要任务，力图为广大青年读者勾勒出制造强国建设的宏伟蓝图与实施路线图。本书共分八个章节，立足历史回顾、国内外比较、现实重大任务等角度，运用语言论述、图片展示、知识链接等多形式手段，系统回答了建设制造强国"为什么""是什么""靠什么"的问题，以期广大青年读者阅后对建设制造强国形成全面清晰的深刻认识，在全社会形成广泛凝聚力、号召力，为建设制造强国、早日实现"两个一百年"宏伟目标做出当代青年应有的杰出贡献。

第 1 章

坚定不移走制造强国之路

制造业是我国经济命脉所系，是立国之本、强国之基。这次抗击新冠肺炎疫情，我国完备的制造业体系发挥了至关重要的支撑作用，再次证明制造业对国家特别是大国发展和安全的重要意义。

——习近平总书记在党的十九届五中全会第二次全体会议上的讲话（2020年10月29日）

一、制造业是国家经济命脉所系

（一）制造业是关键，也是基石

制造业是指利用各类资源和要素，按照市场需求，经过一系列的物理或化学变化，将原材料或零部件转换为新产品的生产部门。根据我国统计局发布的国民经济行业分类，制造业包括31个大类行业。制造业作为国民经济最主要的物质生产部门，为工农业发展提供生产资料，为人民群众提供生活资料，为基础设施建设和新型城镇化建设提供各种装备和材料，为国防建设提供武器装备，为精神文明建设创造物质条件，是国家安身立命、独立自主发展的根本支撑。

制造业是支撑国民经济发展的"脊梁"。植物通过根系获得水和生长所需的各种养分，根系越发达的植物，生长得越苗壮，对恶劣环境的抵抗力越强；同时，一些植物从根部长出不定芽，伸出地面而形成新的植株，使种群发展壮大。类似于植物的生长过程，制造业也嵌入一国的经济社会体系之中，通过汲取各种生产要素实现发展。制造业与各类资源、要素之间的融合发展程度，能够反映制造业抵御内外部环境变化而持续发展的能力。如同根植性强的植物能够适应恶劣的环境一样，制造业根植性越强，其对内外部环境变化的抵御能力越强，生存力、竞争力、发展力越强。

制造业是国民经济的基础，是第三产业的支撑，只有拥有强大的制造业，第三产业才能蓬勃发展。历次工业革命发生的逻辑是：形成技术—形成装备工艺—形成知识—形成服务业的能力—形成新的生产性服务业。可以说，制造业是工业革命发生、孵化和培育的母体，服务业在制造业发展中得以提炼和萃取，制造业与服务业协同演化。只有制造业强大了，才能发展公共服务业和个人服务业。比如，飞机、船舶、轨道交通设备支撑了年增加值4.16万亿元[1]的交通运输、仓储及邮政业；计算机、电子通信设备支撑了年增加值3.8万亿元的信息传输、软件和信息技术服务业。

| 知识链接 |

根据我国统计局发布的国民经济行业分类，我国制造业包括以下31个大类行业。

01	农副食品加工业
02	食品制造业
03	酒、饮料和精制茶制造业
04	烟草制品业
05	纺织业
06	纺织服装、服饰业
07	皮革、毛皮、羽毛及其制品和制鞋业
08	木材加工和木、竹、藤、棕、草制品业
09	家具制造业
10	造纸和纸制品业
11	印刷和记录媒介复制业
12	文教、工美、体育和娱乐用品制造业
13	石油、煤炭及其他燃料加工业
14	化学原料和化学制品制造业
15	医药制造业
16	化学纤维制造业
17	橡胶和塑料制品业
18	非金属矿物制品业
19	黑色金属冶炼和压延加工业
20	有色金属冶炼和压延加工业

1.该数据为2020年以现价计算的全口径行业增加值。

续表

21	金属制品业
22	通用设备制造业
23	专用设备制造业
24	汽车制造业
25	铁路、船舶、航空航天和其他交通运输设备制造业
26	电气机械和器材制造业
27	计算机、通信和其他电子设备制造业
28	仪器仪表制造业
29	其他制造业
30	废弃资源综合利用业
31	金属制品、机械和设备修理业

（二）保持制造业比重基本稳定十分必要

党的十九届五中全会审议通过的《中共中央关于制定国民经济和社会发展第十四个五年规划和二〇三五年远景目标的建议》明确提出"保持制造业比重基本稳定"。随着经济的高速发展，各产业在国民经济中的结构快速调整。作为实体经济的主体，制造业占GDP的比重也在发生变化。

按照典型国家制造业比重变化的一般规律，伴随人均GDP的持续增长，制造业增加值占GDP比重先升后降。例如，美国在1953年人均GDP（2012年不变价）达到1.7万美元时，制造业比重达到历史最高点27.6%；日本、德国在1970年人均GDP（2010年不变价）分别达到1.9万美元、2.0万美元时，制造业比重处于历史最高点；韩国则在人均GDP（2010年不变价）2.3万美元时，制造业比重达到最高点28.5%。而我国2006年人均GDP（2010年不变价）为3069美元时，比重就已经从32.5%开始呈现下降态势，并在2011年人均GDP为4972美元时，比重从32.1%快速下降。制造业比重过早、过快下滑，不仅带来产业安全隐患，削弱我国经济抗风险能力和国际竞争力，也将拖累我国经济增长，影响工业化进程。

| 知识链接 |

2020年，我国制造业增加值达到26.59万亿元，连续11年保持世界第一制造大国地位。从制造业占GDP比重[1]来看，2006年制造业比重达到32.5%的高点，之后基本呈现下行态势，2015年跌破30%，2020年进一步降至26.2%，"十三五"时期我国制造业比重年均下降0.56个百分点。我国制造业占GDP比重呈现过早、过快下滑态势。

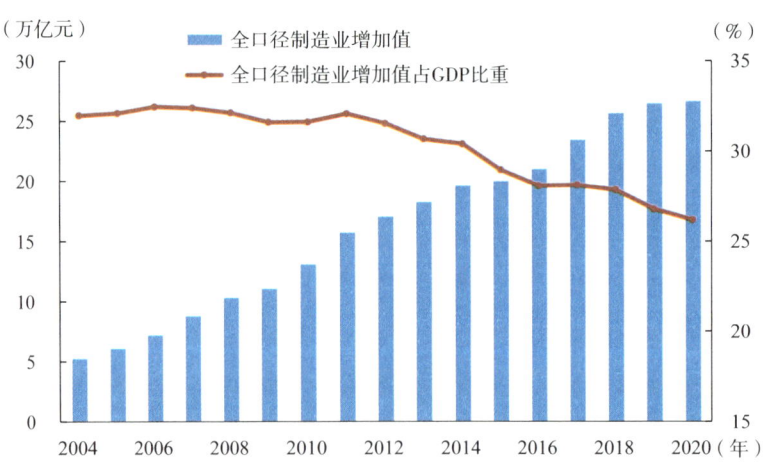

* 2004—2020年我国制造业增加值总量及占GDP比重。数据来源：国家统计局。赛迪研究院整理，2021年8月。

1.按全口径制造业增加值（现价）与GDP（现价）计算得到。

我国必须保持一定的制造业规模以吸收服务业投入，并发挥制造业在技术溢出和产业带动方面的强大作用，尤其是要发挥先进制造业的战略引领作用。如果任由制造业比重持续下滑，我国将无法在新一轮技术革命浪潮中抢得先机，失去提升产业链和供应链地位，锻造长板、补齐短板的机会。制造业是现代产业体系的重要组成部分，制造业比重基本稳定，关系到我国能否引领全球科技革命和产业变革潮流，关系到我国能否赢得国际竞争的主动权。

（三）推动制造业高质量发展，关键是做好我们自己的事情

保持制造业比重基本稳定是约束条件，提升制造业的"质"是最终目的。2013年以来，我国经济发展进入新常态，主要依靠资源和要素大规模投入而推动制造业发展的传统模式已难以适应经济发展的新要求。要改变这种状况，最根本的是要依靠创新驱动，不断提升制造业发展质量和效益，加快制造业高质量发展。制造业是创新的主要载体，没有制造业，创新就没有活力，创新必须以制造业为载体才能创造出新的经济增长点。

习近平总书记强调，要清醒认识国际国内各种不利因素的长期性、复杂性，妥善做好应对各种困难局面的准备。最重要的还是做好我们自己的事情。推动制造业高质量发展关键是做好我们自己的事情，这是破解当前制造业发展主要矛盾和问题的现实要求，是加快制造强国建设的核心内涵。

党的十九大明确提出到21世纪中叶建成社会主义现代化强国，对制造业高质量发展提出了更高的要求。科技强国、质量强国、航天强国、网络强国等都需要制造业提供更先进的技术、

产品和装备，都需要制造强国的支撑。因此，要实现中华民族伟大复兴的中国梦，要应对世界百年未有之大变局，必须突出制造强国建设，重视制造业高质量发展，加快实现制造业由大到强的跨越，唯有建成制造强国才能跻身世界强国。

（四）国际经验表明：制造业撑起强国梦

从19世纪以来的世界经济发展史看，强大制造业是实现大国崛起的必然选择，也是维持强国地位的核心力量，制造业驱动经济发展的阶段是不可逾越的。

第一，制造业在推动大国早期崛起中起到关键作用。18世纪末，英国制造业遥遥领先全球，成为世界上首个实现工业化的国家；美国建国之初就已提出"制造业立国"的思想，美国制造业产值在1880年超过英国、德国，其也成为屈指可数的世界强国之一；1870—1913年德国的工业生产跃居世界第二位，成为公认的世界强国；日本利用后发优势，大力发展工业，跻身于世界强国之林。这四个国家在不同历史发展阶段成为世界强国，经验表明，强大的制造业是国家强大的根本支撑。

第二，强大的制造业对后期维持强国地位至关重要。主要发达国家虽然已经进入后工业化阶段，但仍掌控着全球制造业领域的主导权。如美国实施"再工业化"战略，在页岩油气开采、增材制造、大数据、纳米材料等领域保持全球领先；德国加快实施"工业4.0"战略，在汽车、机械制造、化工、电气技术等方面具备较强竞争力；日本着力构筑制造业竞争新优势，在新材料、机器人、资源再利用、生态环保、生物医疗等领域仍处于世界领先地位。发达国家即使进入后工业化阶段，仍高度重视制造业发展，不断强化其技术上的先发优势，占据产业链高端环节。这些国家坚信，没有强大的制造业，就难以实现国家和民族的强盛。

* 长城汽车集团新型国产汽车

＜拓展阅读＞

发达国家著名的智能工厂

西门子安贝格电子工厂实现了多品种工控机的混线生产；FANUC公司实现了机器人和伺服电机生产过程的高度自动化和智能化，并利用自动化立体仓库在车间内的各个智能制造单元之间传递物料，实现了最高720小时无人值守；施耐德电气实现了电气开关制造和包装过程的全自动化；美国哈雷戴维森公司广泛利用以加工中心和机器人构成的智能制造单元，实现大批量定制；三菱电机名古屋制作所采用人机结合的新型机器人装配生产线，实现从自动化到智能化的转变，显著提高了单位生产面积的产量；全球重卡巨头MAN公司搭建了完备的厂内物流体系，利用AGV装载进行装配的部件和整车，便于灵活调整装配线，并建立了物料超市，取得明显成效。

第三，经济发展进程中工业化阶段不可逾越，制造业是经济发展的"火车头"。世界整体上仍是工业社会，即使是发达国家，其工业和制造业在经济中的地位也是举足轻重的。我国工业化尚未完成，经济的主导产业仍然是制造业。农业和服务业都不足以满足实现世界强国所需物质生产的极大需求，发展强大的制造业是我国实现世界强国的必然选择。我们必须清醒地认识到，唯有实体经济，方是富国之基；唯有制造业，方是强国之本。

中国的制造强国建设既要符合制造强国建设的一般规律，又要根据我国制造强国建设面临的特殊环境，赋予制造强国使命更加丰富的内涵。只有把握新的形势，掌握新的内涵，打造名副其实的制造强国，才能在全球化的市场竞争中赢得一席之地，对社会主义现代化强国建设形成重要支撑和牵引。

二、新时代建设制造强国迫在眉睫

（一）中国制造业"大而不强"亟须转变

当前，中国已成为名副其实的制造大国，不仅人口总量居世界首位，而且经济总量庞大。2000年我国GDP总量为

10.03万亿元，2012年突破50万亿元大关，2020年突破100万亿元大关。20年内，我国经济总量扩大十倍，成为世界经济增长的主要稳定器和动力源。我国综合国力迈上新台阶，大国发展的基础不断夯实。但与主要发达国家相比，我国制造业"大而不强"问题依然存在，在产业结构水平、自主创新能力、产品质量品牌等方面与世界先进水平仍存在明显差距。

我国产业结构升级依然任重道远。一方面，我国新兴产业占比不高，难以完全支撑起经济较快增长。2020年，我国战略性新兴产业增加值占GDP比重为11.7%，高技术制造业增加值占工业比重为15.1%。另一方面，我国传统产业占规模以上工业增加值的80%左右，仍然是工业经济的主体。我国钢铁、有色金属、轻工纺织等大部分传统领域转型升级面临着诸多困难和挑战，而新兴产业规模占比尚难以完全支撑起经济较快增长，产业结构转型升级仍"在路上"。

我国关键核心技术亟待突破。当前，我国"四基"不强，我国核心技术受制于人的根本原因在于科学理论和基础研究投入不足。我国更偏重于应用科学，而忽略基础科学，近年来我国基础研究经费投入尚不及美国的1/3；我国缺乏重大的科学理论创新，至今还没有获得诺贝尔物理学奖和化学奖的科学家。长期以来，我国基础研究能力不足，核心技术缺失，是限制我国产业升级的关键因素。

质量品牌难以满足消费升级需求。根据《财富》世界500强榜单，我国入围世界500强的制造业企业数量自2015年以来呈快速增长趋势；但与美国相比，我国入围的制造业企业在营业收入、利润等方面均存在相当大的差距。2020年，美国入围世界500强榜单的企业利润是中国入围企业的近4倍。另外，目前我国居民每年境外购物达2000亿美元，既包括奢侈品消费，也涉及中高端日常消费品。如对于汽车相关产品、日化清洁产品、母婴用品、日用家电产品等，消费者仍更青睐国外知名品牌。高端消费能力流失反映出我国当前产品及服务的供给能力尚不能很好满足国内消费升级需要，高性能、高附加值、个性化的中高端产品供给不足。

大国并不意味着是强国，"大"只是外在的形体和规模，"强"则是内在的能力和素质。"强国"是指在全球经济社会发展中具有重要地位和影响力，在国际科技与产业竞争中处于相对强势地位的国家。因此，对于大国而言，不能采取寄生战略，只能采取强国战略。我国必须抓住机遇，抢占前沿技术和新兴产业发展的制高点，推动制造业实现由大变强。

（二）必须在复杂的国际形势中谋发展

"明者因时而变，知者随事而制。"我们既要立足工业看工业，又要跳出工业看工业，尤其要放眼世界、放眼未来，搞清全球制造业发展的基本态势，找出推动制造业高质量发展的风险点和增长点。当前，全球经济深度调整，全球制造业正处于转换发展理念、调整失衡结构、重构竞争优势的关键节点，尤其是新冠肺炎疫情发生以来，制造业重新成为全球经济竞争的制高点。在此背景下，我国加快制造强国建设尤为紧迫。

第一，近年来，主要发达国家纷纷实施"再工业化"和"制造业回归"战略，高端制造领域向发达国家回流趋势已经初步显现。2019年以来，一些国家不断升级贸易摩擦，比如实施史上最严的出口管制、收紧中国对其投资风险审查、限制科技人员交流等，通过技术封锁阻碍我国高科技产业发展。虽然一些发达国家技术封锁会使我国发展遇到暂时困难，但不可能阻止我国经济前进的步伐，更不会动摇我国在全球供应链中的地位。我国拥有完备的工业体系、科技创新能力不断增强、市场需求规模庞大，并且我国高水平、多层次、全方位的国际科技合作格局正在形成，对华技术封锁更会激发我国自主研发的信心、协力推动制造强国建设的决心。

第二，新冠肺炎疫情创造了全球产业链重构的重要战略窗口期。一些企业原本以为，经历此次疫情，全球产业链将更趋于区域化和本土化，而中国的产业链可能会被其他国家抛弃。但中国在疫情防控上所取得的成就，正在促使全球产业链的中心向中国市场转移。2020年，中国由曾经全球新冠肺炎感染最多的国家逐渐变成了全球疫情中最安全的地方。这一巨大的转变不只是为中国赢得了成功抗疫的口碑和经验，更重要的是为中国赢得了市场、赢得全球产业链重构的机会。当前，中国疫情防控和生产能力最稳定，是现阶段全球制造业的避风港，一些国外订单和生产基地已经纷纷向中国转移。我国必须抓住未来2—3年全球产业链重构的重要战略窗口期，利用全球市场的资本"活水"灌溉我国高端制造产业链的"良田"。

第三，一些新兴经济体利用比我国更低的成本优势，积极承接国际产业转移，打造新的"世界工厂"。越南正成为新兴经济体中一颗冉冉升起的明星。高速发展的制造业是越南最强劲的经济引擎，凭借与诸多国家签订的自贸协定、充足的劳动力、各项对外资友好的优惠政策，越南吸引了很多跨国企业前往该国投资设厂，从耐克运动服到三星智能手机，无所不包，越南正成为下一个"制造大国"。另外，印度、泰国、印度尼西亚等国的劳动力成本低于我国，随着这些国家的经济发展，其制造业吸引力会快速提升，在一定程度上将对中国制造形成替代。

需要认识到，发达国家和新兴经济体"双端挤压"格局不可能短期突破，这是中国作为发展中大国所必须面对的，是一个制造业大国必须经历的"成长之痛"，也是促使我国从制造大国向制造强国转变的动力。中国制造业犹如逆水行舟，不进则退。后有巨浪涌，推着中国制造业往前；前有强流吸，拉着中国制造业提升。我们必须做好较长时期应对外部环境变化的准备，善于在危机中育新机、于变局中开新局，不断强化制造强国建设的战略支撑。

| 知识链接 |

全球制造成本竞争力格局调整

数年之前，拉丁美洲、东欧和亚洲大部分地区是低制造成本区，美国、日本是高制造成本区，但在劳动生产率不断提升、技术加快突破、能源物流等其他成本变动影响下，近几年，全球制造业成本格局正在发生转变。当前制造业成本低的国家依次为印度尼西亚、印度、墨西哥、泰国等，制造业成本高的是澳大利亚、瑞士、巴西、法国、意大利、比利时等。俄罗斯、巴西等过去制造业成本较低的经济体由于快速上涨的劳动力成本、能源成本和低速增长的劳动生产率，制造业成本竞争优势减弱；而墨西哥、美国等国由于劳动生产率提高、能源成本优势明显，制造业成本优势逐渐显现。在制造业综合成本变化等因素影响下，全球制造业布局逐渐调整。跨国公司制造业生产呈现向发达国家加速回流的趋势，如美国制造业回流指数在连续多年为负之后，2019年再次转正；同时，全球制造业加快向东南亚、南亚、非洲等成本更为低廉的地区转移。

三、制造强国序章开启，未来已来

千里之行，始于足下。改革开放以来，我国制造业由小到大，在创新驱动下制造强国建设已经迈出历史性步伐，走在新的历史征程上，不断贡献着中国智慧、中国方案和中国力量。

（一）"大国重器"亮相，凝聚中国智慧

中国改革开放的成就是全方位的，其中最辉煌的篇章之一就是制造领域的创新成果。一件件"大国重器"横空出世，高速铁路、量子通信、载人航天、探月工程、射电望远镜、大飞机、载人深潜、超级计算机等一批具有标志性意义的科技成果涌现，拿出了耀眼的成绩单。

＜拓展阅读＞

《强国基石》纪录片

为进一步宣传展示中国共产党领导工业和信息化事业的奋斗历程和历史性成就，中央广播电视总台与工业和信息化部联合拍摄制作的大型纪录片《强国基石》，于2021年8月2—6日在央视财经频道重磅呈现，包括《筑基》

《自强》《奋起》《蝶变》《逐梦》五集。

在高端装备制造领域，中国自主研制的大飞机C919和支线飞机ARJ21等产品试飞成功；时速超420km/h高速交会、中国标准动车组综合试验取得成功；国产钻井平台实现深海海上气田开发，载人深潜取得突破；国产高档机床关键功能部件已接近国际先进水平；国产掘进装备突破大于12米盾构技术并实现工程化应用；采用自主研发芯片的世界首台10亿亿次/秒超算系统"神威·太湖之光"居世界之冠[1]；世界最大水泥运输船圆满交船，世界最大和第二大集装箱船同时靠泊上海洋山港，世界第一造船大国正向造船强国大踏步迈进。

在可再生能源领域，中国可再生能源技术装备水平显著提升，关键零部件基本实现国产化，中国已成为世界第一大风机和光伏设备生产国，国际竞争力大幅度提升。中国具备成熟的大型水电设计、施工和管理运行能力，风电关键零部件基本国产化，核电机组总数全球第二，在建机组全球第一。相关新增专利数量居于国际前列，并构建了具有国际先进水平的完整产业链，我国可再生能源领域取得历史性突破。

据《经济日报》2017年5月发布的资料显示，在智能制造领域，中国高精度数控齿轮磨床、多轴精密重型机床、数控冲压生产线等产品跻身世界先进行列，"数控一代"应用示范工程研制专用数控系统及相关设备350余种，推广应用22.3万台

1.引自《改革开放40年中国工业发展主要成就与基本经验》，中国社会科学院工业经济研究所于2018年11月发布。

套，高性能大型金属构件激光增材制造、分布式控制系统、自动染色成套技术与装备等一批长期以来依赖进口的项目实现突破，亮出了中国制造的又一张"名片"。

蓝图渐成真，奋进正当时。成绩的背后，是众多高技术、高附加值、顺应转型升级趋势的新产业，是中国在向世界展示中华民族的勤劳和智慧，是中国人民正迈出铿锵有力的步伐，坚定不移地建设制造强国。

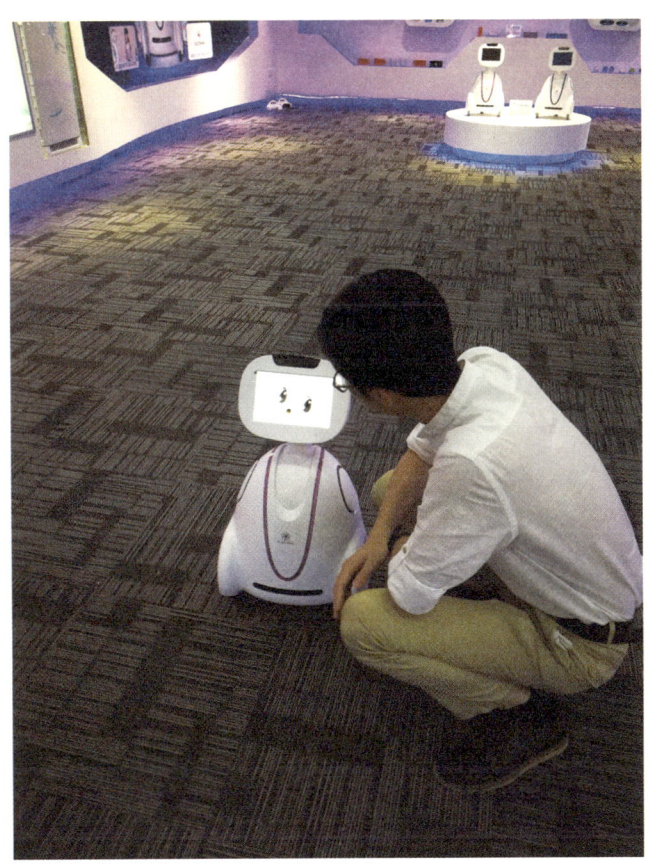

* 国产服务机器人与人对话

（二）从"制造"到"智造"，践行中国方案

当前，第四次工业革命浪潮已起，全球迎来了以新一代信息技术与先进制造技术深度融合为基本特征的智能制造，智能制造已成为本轮新工业革命的核心驱动力。近年来，我国高度重视以信息化、智能化引领经济发展，5G、工业机器人、工业软件、工业互联网和工业大数据等领域蓬勃发展，制造企业实施数字化转型和智能化改造的力度加大。2020年的新冠肺炎疫情进一步加速了制造企业推进数字化转型和智能化改造的进程。

2014—2015年，我国智能制造行业新成立企业数量骤增，工业巨头、互联网科技等领域企业积极进军智能制造行业，2015年智能制造企业新增数量有1200多家。2016年之后，智能制造企业新增数量减少，但企业已开始纵向智能制造关键技术和应用领域拓展和深化。

* 河北玉锋实业集团2008年开始进行全流程智能化改造，图为公司智能化立体仓库

目前我国有85%的企业具备智能制造发展愿景，49%的企业制定了智能制造发展规划，28%的企业在智能制造战略执行过程中定期开展评测与监控，不断进行战略的优化调整[1]。制造企业已深刻意识到智能制造是提升核心竞争力的关键，我国智能制造开始进入深化应用、全面推广的阶段。

＜拓展阅读＞

广东省依托其强大的制造能力，在推行智能制造方面取得一定成绩，许多制造工厂实现了较高程度的自动化、智能化。2020年，广东省两化融合水平超过60，明显高于全国56的平均水平，并且汇聚了富士康、丰田、比亚迪、华为、TCL、格力等国内外知名制造企业。

（三）展现负责任大国担当，彰显中国力量

"千难万难，只要重视就不难；大路小路，只有行动才有出路。"我国坚持以深化供给侧结构性改革为主线，推动制造业结构调整和转型升级，仅短短的时间里，快速成为享誉全球的制造业大国。中国制造业发展取得辉煌成就，充分展示了中国智慧、中国方案和中国力量。

我国是全球最具潜力的大市场，这为我国制造业高质量发展奠定坚实基础。我国正处于新型工业化、信息化、城镇化、农业现代化"四化同步"推进的关键阶段，大量投资需求等待释放。我国拥有超过14亿人口，城镇常住人口达到8.5亿，占比60.6%，

1.数据资料引用自工业和信息化部发布的《智能制造发展指数报告（2020）》。

中等收入群体超过4亿，对应着全球最庞大的市场规模和消费潜力，未来我国将有巨大的空间释放"人口红利"。我国市场体量、需求规模越来越大，将为全球经济复苏贡献更多的"中国力量"。

我国作出"碳达峰""碳中和"目标承诺，产业结构优化升级步伐正在加快。2020年9月22日，在第七十五届联合国大会一般性辩论上，国家主席习近平向世界宣布，中国将力争于2030年前实现碳达峰，努力争取2060年前实现碳中和。贯彻落实国家"碳达峰""碳中和"部署，我国需要深入研究和明晰产业结构优化调整的方向，主动谋划产业结构优化调整对策，加快推动传统产业绿色改造和绿色低碳产业发展壮大，这对积极稳妥推进"双碳"工作至关重要。

＜拓展阅读＞

2021年5月27日，在碳达峰碳中和工作领导小组第一次全体会议上，国务院有关负责人强调，当前要围绕推动产业结构优化、推进能源结构调整、支持绿色低碳技术研发推广、完善绿色低碳政策体系、健全法律法规和标准体系等，研究提出有针对性和可操作性的政策举措。

凡是过往，皆为序章。一切伟大的事业都是接续奋斗的结果，一切伟大的成就都需要在继往开来中推进。对历史的最好纪念，就是创造新的历史。站在新时代的更高起点，我们应该以更大的决心和信心将改革开放进行到底，为建成制造强国提供强大支撑。

未来可期，未来已来！

第 2 章

我国制造强国之路还有多远

当前，新一轮科技革命和产业变革正处在实现重大突破的历史关口。各国应该加强创新合作，推动科技同经济深度融合，加强创新成果共享，努力打破制约知识、技术、人才等创新要素流动的壁垒，支持企业自主开展技术交流合作，让创新源泉充分涌流。

——国家主席习近平在第二届中国国际进口博览会开幕式上的主旨演讲（2019年11月5日）

从战略高度认清新型工业化在经济社会发展和民族复兴中的重要地位，直接决定我国经济发展的质量、现代化发展的进程和中华民族伟大复兴的进程。放眼全球，我国制造业规模已位居全球首位，"中国制造"对全球市场来说几乎无处不在，但规模领先的背后更加亟须制造业水平的高质量提升，从产业规模大到质量效益高，从"制造大国"升级到"制造强国"的发展之路依然任重道远。知己知彼，百战不殆。与全球其他制造业强国相比，我国制造业的优势何在，劣势又有哪些，这些问题都值得我们深入探究和思考。

一、国际公认的制造强国有哪些

纵观制造业发展历史，全球主要的工业国家大多经历了从轻纺织工业到重化工业，再到以电子、激光、生物、航天等技术为代表的高技术制造业发展阶段。目前，全球范围内普遍较为公认的世界三大制造强国是美国、日本和德国。这三个国家既是世界经济强国，也是世界工业强国和世界制造业强国。

美国依靠自身强大的科技实力，在半导体、航空制造、高端装备、电子信息产业等高端制造领域都处于世界领先地位。此外，在新兴互联网高科技领域，美国拥有包括亚马逊、微软、脸书、苹果等在内的一大批全球知名企业。

日本制造业水平全球领先，在机器人、精密制造、高端机床、新材料、重型工业、光电产业、化工产业等领域均具有较强的实力。以机床领域为例，日本拥有发那科、山崎马扎克、天田、大隈、森精机、东芝、三菱、沙迪克等一批知名机床企业。

德国也是世界公认的制造强国，优势主要在机械制造方面，汽车、机床、大型机械、化学等领域均处全球领先地位。德国拥有许多耳熟能详的世界顶级品牌，宝马、奔驰、奥迪、西门子、戴姆勒、博世、大众、德玛吉森精机、徕卡、库卡、巴斯夫、舒勒等，几乎囊括了制造业各个领域。

（一）创新研发驱动美国先进制造

长期以来，美国制造业在经历了淘汰传统制造、产业升级换代之后，一直在朝着以高技术为引领的先进制造方向发展，在机械制造、半导体、生物医药、化学工业、医疗器械、精密仪器、航天航空、交通运输、绿色节能、军工、能源、新材料等众多领域，在全球始终保持着领先地位。目前，单从制造业产值来看，美国的制造业规模体量依然庞大，制造业增加值远超其他国家，仅次于中国，位列世界第二。美国制造业在技术含量、产品附加值等方面一直处于优势地位，制造企业大都集中于产业链高端位置，支撑制造业发展的基础研究实力也让世界大多数国家蹬乎其后。

美国制造业之所以能够在全球制造格局中处于领先位置，首先，离不开美国的发明创新传统。纵观历史长河，美国诞生的重要发明家与杰出企业家，在一定程度上塑造了美国制造业。无论是从电力、机械等领域的新产品创新，流水线生产方式的新工艺流程创新，到计算机、通信、互联网的高技术创新，大量科学家和工程师聚集在一起潜心进行技术研发，极大推动了全球制造业的发展。

| 知识链接 |

美国近100年来重要科技发明

美国作为移民国家吸引着来自全世界各地的精英和人才，这些人普遍具有较强的开拓进取精神，乐于冒险并且接受挑战，不愿意遵从循规蹈矩的生活方式，因此，这里有着浓厚的创新氛围和发明环境。据统计，以下产品或技术都是由美国人发明的。

电子类

真空电子管：1906年美国人德·福雷斯特（Lee de Forest）发明真空电子管，是真空管收音机的始祖。

三极管：1906年，美国发明家福雷斯特对二极管加以改进，研制出三极管，这看似小小的一步，却是人类在打开电子时代大门过程中最重要的事件，福雷斯特因而当之无愧地被称为"无线电之父"。

手机：发明人马丁·库帕，是美国著名的摩托罗拉公司的工程技术人员。

激光：1958年，美国人发现激光，两年后的1960年，第一台红宝石激光器诞生。

集成电路的通用计算机：1964年，美国IBM公司研制成功世界上第一个采用集成电路的通用计算机。

电视电话：1964年，美国贝尔公司推出电视电话。

因特网：1969年，美国五角大楼首创因特网。

家电类

电动洗衣机：1906年，世界上第一台电动洗衣机由美国芝加哥人费歇尔设计制造。

彩色电视机：1929年，美国科学家伊夫斯在纽约和华盛顿之间播送50行的彩色电视图像，发明了彩色电视机。1933年兹沃里金又研制成功可供电视摄像用的摄像管和显像管，完成了使电视摄像与显像完全电子化的过程，由此现代电视系统基本成型。今天电视摄影机和电视接收的成像原理与器具，就是根据他的发明改进而来。

微波炉：1947年，第一台微波炉问世于美国，掀起了炊用炉具的革命。

信用卡：1950年美国人谢尔德发明信用卡。"一卡走天下"的时代到来。信用卡的出现是自货币出现后的最大革命。首张信用卡是20世纪20年代印发的，普遍使用的信用卡是1950年印发的。

磁带录音机：1951年，美国的克罗斯公司研制出第一台实用的磁带录音机。

抽水马桶：发明于16世纪的抽水马桶在20世纪开始盛行。

医学类

心脏起搏器：1932年，美国专家研制出第一台有效的心脏起搏器，这一发明使很多心脏病人得以起死回生。

核磁共振成像技术：1946年，核磁共振现象被科学家发现，20世纪70年代以来，核磁共振技术与图像重建技术相结合，形成了核磁共振成像技术。

碳14测年法：1947年，美国芝加哥大学化学家弗兰克·利比首次用反射性同位素碳14，准确测定了曾经有过生命的有机体的年代，碳14测年法的发明，对于考古学、海洋学和地球科学是一个巨大的贡献。

DNA：1953年，生物学家沃森和克里克发现了生命遗传的基因物质——DNA的双螺旋结构模型。

口服避孕药：1954年，美国生物学家格雷戈里·平卡斯发明了世界上第一种有效口服避孕药。避孕药被列为20世纪最伟大的科学成就之一。

其他类

飞机：1903年，美国莱特兄弟驾驶着自己设计制造的飞机冲向碧蓝的天空，这是人类航空史上首次自主操纵飞行。

工业机器人：1959年，美国工程师制造出世界上第一台工业机器人。

气象卫星：1960年4月1日，美国发射世界上第一颗试验性气象卫星。

智能机器人：1968年，美国斯坦福研究所研制出世界上第一台智能机器人。

美国强大的军事工业为制造业奠定了坚实的基础。在军工制造领域，从战斗机、大型军舰到航空母舰，美国都早已实现了自主研发和生产。与此同时，其主要工业产品如汽车、航空设备、计算机、电子和通信设备等都是在巨大军事研发投入上的副产物。可以说，军事工业也是高端制造业的集中体现，军工在技术难度上通常比民用终端低一个数量级。民用产品更多强调在多种场景中的应用，而军用产品忽视了性能上的多样性，而更加注重可靠性。美国制造业很好地诠释了军民融合发展路径，实现了军用和民用领域资本与技术的双向渗透和扩散。

美国传统产业外迁塑造了国内制造业格局。20世纪50年代开始，美国逐渐将钢铁、纺织等传统产业向日本、德国、韩国、东南亚等迁移，将更多注意力聚焦于以高科技为代表的电子信息、通信以及互联网技术和产业的发展上。以劳动力密集型和资源密集型为主导的低端制造业逐渐被淘汰出了美国本土。美国的消费市场和能源市场在更大程度上主要依赖进口，大多数美国制造企业采用制造环节外包模式，本土制造业呈现出了"空心化"的现象。

美国本土制造主要保留了制药、航空航天和半导体设备三大高端产业。在航空航天领域，美国波音公司与欧洲的空中客车形成了航空市场的寡头垄断局面。在制药领域，美国企业占到全球十大制药企业中的半数，辉瑞、默沙东、百时美施贵宝、强生、艾伯维连续多年上榜全球财富500强企业名单。此外，在半导体设备方面，美国的Applied Materials、Lam Research、KLA和Teradyne四家公司占据了半导体设备十大企业的四席，且排名较为靠前。

然而，我们应该客观看到，当前，美国在部分传统制造业已失去优势，在应对突发事件时的产能受到限制，本土供应链响应能力不足。但是，美国具备行业领导力和创新活力的企业仍然层出不穷，如特斯拉、苹果等公司往往能通过掌握产业链关键环节和核心技术，进行坚持不懈的技术创新并开辟出新的市场。正是美国企业和企业家的这种敢于打破常规，创造新标准，实现革命性突破的能力，才造就了美国制造的强大。

（二）人才和创新塑造德国制造传奇

提到"德国制造"，我们习惯性地联想到结实、耐用与精美，"Made in Germany"的标签几乎代表了制造业最高水准。然而，德国作为独立国家的历史仅有短短150年，德国缘何能够快速发展成为一个制造业强国，又凭借哪些优势培育出大量"隐形冠军"企业呢？

德国制造业在德国经济中发挥了重要的支撑作用，德国制造业在其GDP中占比高达22%，在发达国家中非常少见。与此同时，德国的制造业增加值在全球约占10%，位于中美之后，与日本相近。"德国制造"并非简单地追求质量和工匠精神，而是通过一套强大的国家基础设施实现制造业整体的高质量发展，包括其人才培养体系、科研创新体系以及标准体系的共同作用，推动德国制造业不断向高水平迈进。

德国人才培养体系强调基础教育和技能教育并重。众所周知，德国不仅诞生了爱因斯坦、高斯、普朗克等全球顶尖的科学家，而且在哲学、音乐等领域也拥有享誉全球的杰出大师。历史上，普鲁士人就非常重视军事和基础教育，高水平的基础教育提高了德国公民的整体受教育水平，为德国工业发展奠定了坚实的人才基础。在经历了两次世界大战之后，德国依靠高素质的国民和科技研发成果在数十年内使其工业快速崛起。德国在世界率先实施普及义务教育的同时，还大幅提高技术工人的素质，培养了大量熟练掌握复杂电气化工业设备的工程师和产业工人，迅速提高了德国工业生产效率。德国前总统赫尔佐格曾表示："为保持经济竞争力，德国需要的不是更多的博士，而是更多的技师。"这里所说的技师，指的是支撑"德国制造"的"工业技师"。

德国历来拥有"智慧之地"的美誉，强大的科研创新体系也助力了制造业发展。不同于美国偏重产品设计的创新，德国制造业创新更加注重流程和工艺上的创新。正因如此，德国在汽车工业、电子电气工业、机械设备制造工业、化学工业和可再生能源五大支柱产业上具有世界级的竞争力。目前，德国基本上形成了以政府机构、科研组织、高等院校和中介机构为主组成的科技创新体系。德国基本法规定："科技和经济以主观能动为主，国家干预为辅。"因此，非营利性的独立科研机构是德国最重要的基础和前沿领域研究的科研力量。高等院校和中介机构分别承担了成果转化、技术转让和培训等功能，推动着制造业的发展。

德国制造注重标准体系建设。德国很早就开始了标准化体系建设，1917年始德国设立了标准化协会（DIN），1920年德国电气、电子和信息工程协会（VDE）认证体系生效，到1949年德国成立了机械制造标准委员会（NAM），此后德国各类行业协会纷纷成立，在标准化体系的协助下"德国制造"品牌逐渐在全球确立。标准化体系的设立不仅对德国经济发展具有积极作用，而且带动了德国企业的规模化生产。此外，德国还建立了关于产品、服务的认证机构，联邦政府指定德国认可委员会（DAkkS）作为德国产品认证制度协调管理机构，该机构也代表着目前欧洲最严格的标准。

（三）"工匠精神"造就日本制造崛起

日本工业门类齐全，制造业非常发达，是汽车、电子元器件、机械装备等多种工业产品的主要出口国。日本最具代表性的制造业产业是汽车制造，全国共有9家世界500强汽车企业，除了最为知名的丰田、本田和日产三大汽车公司，还有三家规模较小的车企，分别是铃木、马自达和斯巴鲁，此外，电装、爱信精机和普利司通是汽车零部件的配套企业，凭借这些大企业和众多的中小企业，日本建立起了完整的汽车产业链。

谈到日本制造业，绕不开日本的工匠精神。工匠精神的核心在于追求精益求精，从设计理念到制作完成，整个制造流程中的每个过程都贯穿着一丝不苟、细致入微的工作态度。从制造业最初起源于手工业开始，制品与制作者之间有着高度关联。

日本企业独创的生产组织方式——"丰田生产方式"由丰田汽车公司前副社长大野耐一创造，他被誉为"日本复活之父"和"生产管理教父"。他创造的丰田生产方式，是对全球制造业另一体系福特生产方式的重大突破，在全球产生了深远影响，以其为代表的企业生产组织方式已成为全球各大商学院和制造企业争相研究的内容。其中提出的及时化、自动化、看板方式、标准作业、精益化等生产管理理念已成为日本企业的范式模板。

| 知识链接 |

丰田生产方式和福特生产方式

丰田生产方式同福特生产方式一样，基本形式是流水作业。丰田生产方式是"小批量多品种"，而福特生产方式是"大批量少品种"。两种生产方式的联系与区别：

首先，从汽车生产流水线来看，丰田生产方式与福特生产方式一样，基本形式都采用流水线生产。福特生产方式是正向流水作业，每一步骤的生产安装数量和型号依赖于前一步骤的生产安装数量和型号，技术上实施机械化、标准化、流水线作业，大批量生产标准化产品。丰田生产方式则是在建立总装配线的基础上，运用看板方式进行逆向流水作业生产。

其次，生产模式对比，福特生产方式以供给为主、需求为辅，购买力与需求单一的市场带来了产品单一、大批量的生产模式。长期大量地生产相同型号的产品，从而降低成本，提高效率。而丰田生产方式主要以需求为主，对消费需求变化快速反应，有效组织多品种、中小批量和高质量、低消耗的生产。产品更加丰富多样，更新周期短，积极迎合差异性需求。

第三，管理分工方面，福特生产方式通过不断分工再分工，将生产任务分割为最小单元，由通过简单训练即可完成工作的低技能工人完成。员工之间分工细致明确，强调员工个体性，强调培养专业化员工。丰田生产方式认为团队合作更为重要，强调员工之间的相互协作，注重培养多技能的能够自我管理的员工，给予员工充分授权[1]。

日本制造注重消费者体验，强调对消费的完美体验。日

1.谢迪:《福特生产方式和丰田生产方式的比较分析》,《智富时代》, 2016年第10期。

本制造在产品设计中融入消费体验，要求"让最挑剔的消费者满意"的设计思想，与日本文化中关于"完美主义"的信仰有关。一件工业制品的设计和使用需要同时满足消费体验、美学体验和功能性体验三重体验。日本制造在追求完美的过程中乐此不疲，因此，日本商品的功能性、方便性和人性化在全球商品中首屈一指。

日本制造的核心技术观念是要成为世界第一。日本学者志村幸雄在其《制霸世界的"日本技术上的想法"：日本人所不知的日本之强》一书中指出，技术的不断革新与发明是最重要的因素。正是在力争达到最好的技术实力的观念与目标的驱动下，日本在汽车、精密仪器、自动化、电子元器件、医药等技术领域，依然处于全球最前端地位。

日本注重外向型经济发展，通过对外贸易弥补国内资源不足与市场狭小的劣势。随着日本产业结构不断升级，日本制造业产品出口竞争力日益提升，贸易顺差稳步增长，制造业逐渐在全球确立了优势地位。一方面，日本企业通过贸易进口工业原材料；另一方面，为国内制造业产能找到了海外市场，制造业与对外贸易相辅相成、相互促进，都得到了较快发展。此后，日本企业通过对外直接投资使日本制造业实现了全球化布局，当前日本制造业的海外生产占比约为1/4。

二、制造强国具备哪些共性标准

美国、德国、日本被称为制造强国，说明其制造业发展达到了一定水平或具备某些共性，这些内在的共性标准决定了一国制造业能否称为制造强国。那么，目前关于制造强国存在哪些衡量标准呢？

"制造强国"概念的提出是我国首创，目前国内外对于制造强国的内涵和特征并没有统一、确切的描述。在对美国、德国以及日本等发达国家制造业现状进行分析，对制造业产业理论、产业运行研究的基础上，笔者认为"制造强国"内涵主要由规模效益优、国际分工地位高、发展潜力大这三个方面构成。首先，制造业由大变强的过程是产能扩大、结构优化、质效提升的过程，是制造强国不可或缺的要素。其次，欧美制造业发达国家多数处于工业化后期，服务业和高技术制造业占比上升，劳动生产率普遍较高，在国际分工中处于产业链高端地位，在信息技术应用和使用方面具有较强能力。第三，无论是现有的先进制造强国，还是具有后发优势的制造业大国，都需具有良好发展潜力，制造业需要形成自主创新、低碳环保、循环可持续的发展能力。

目前，国外关于制造业相关的评价指标体系较多，但并没有完全对应我国"制造强国"概念的共性标准。联合国工业发展组织曾公布"工业竞争力指数"，主要用来衡量制造业的国内产出水平和国际贸易水平。德勤和美国竞争力委员会共同发布的"全球制造业竞争力指数"，主要用来衡量各国制造业的营商环境和综合竞争力水平，指标体系全面细致，但主要通过专家调查打分法完成，缺乏客观定量的数据来源。此外，瑞士国际管理发展学院、世界经济论坛、哈佛商学院等机构对于各国竞争力也进行了评估，多是从产业竞争力和国家整体竞争力出发，对制造业的针对性不强。

< 拓展阅读 >

美、德等发达国家推动先进制造业发展的相关政策

2008年全球金融危机爆发后，世界各国纷纷将目光转向实体经济发展，多国不约而同地将制造业作为经济发展的重点，提出了以"再工业化""先进制造业""产业振兴"等为重点的发展政策。美国、英国、德国、法国、韩国等发达国家先后发布了《美国先进制造业国家战略计划》《英国工业2050》《德国工业4.0战略》《新工业法国计划》以及《制造业创新3.0战略》。

美国

自2011年起，美国政府就相继出台了一系列促进先进制造业发展的战略规划。2011年6月，奥巴马政府提出"先进制造伙伴计划"，通过推动政产学研合作，加速美国制造创新及实现美国制造业振兴。规定在总统科技顾问委员会（PCAST）下设由产学研专家组成的"先进制造业伙伴计划"指导委员会（Steering Committee）提供决策咨询。2012年2月，依据《美国竞争法再授权案》（America Competes Reauthorization，ACT 2010），美国国家科学技术委员会（NSTC）制定并发布了"先进制造业国家战略计划"，将发展先进制造业上升到美国国家战略层面。2014年12月，奥巴马政府再次出台《振兴美国制造业和创新法案》，该法案批准"国家制造业创新网络计划"，2016年更名为"美国制造计划"（Manufacturing USA）。2018年10月，美国国家科学技术委员会发布"美国先进制造领先战略"，其中提出确保美国先进制造业的领先地位，开发和

推广新的制造技术，制造业劳动力教育、培训和信息联网，提升美国国内制造业供应链能力三大任务及若干具体目标。2019—2021年，特朗普和拜登任内分别围绕国家安全、关键技术领域以及供应链安全等问题提出多项相关产业政策，但并没有针对制造业整体发展的政策。

德国

德国通过发布产业政策推动工业发展，德国产业政策多从具体产业领域出发，较少有涉及整体制造业发展的政策出台。2016年，德国能源部发布了《数字化战略2025》；2017年，德国政府发布了首部《自动驾驶汽车法案》；2018年，德国出台了《高科技战略2025》，对科技研发和创新提出了目标。该战略是时隔12年之后，对旧版战略的更新，由此可以看出德国对于高技术领域发展的重视。

英国

从2009年至今，英国政府连续出台了多个和制造业发展有关的全国性计划。2014年，英国发布《工业战略：政府与工业的伙伴关系》；2017年，出台《产业战略白皮书》；2018年，正式发布了《英国工业2025》。这些政策的目标是增强英国制造业的竞争性，促使其可持续发展，提高制造业的智能化程度，减少未来的不确定性。通过这些激励政策，明确了重点扶持领域以及前沿技术，未来英国将重点支持大数据、先进制造业、机器人与自动化、卫星以及航天商业化、高能效计算等多个重大前沿产业领域。

法国

法国历来重视工业发展，出台多项国家层面综合发展战略，同时针对新能源汽车、风电、光伏发电、潮汐能发电以及生态工业等重点行业颁布了多项政策措施。2013—2015年，法国围绕工业振兴先后提出了"新工业法国"和"未来工业"计划，标志着法国工业战略的两个阶段。

中国工程院在"制造强国战略研究"课题中，构建了制造强国评价指标体系，对全球主要的制造业大国进行了指数测算。制造强国发展指数的计算由规模发展、质量效益、结构优化、持续发展共四个分项评价数值组成，该指数综合反映一国制造业发展的强弱水平。在这四项一级指标中，"质量效益""结构优化""持续发展"着重突出一国制造业核心竞争力，是制造强国的主要标志，也是衡量国与国之间差距的重要指标，而"规模发展"主要衡量制造业体量大小，是制造强国能够由大变强的基础支撑。

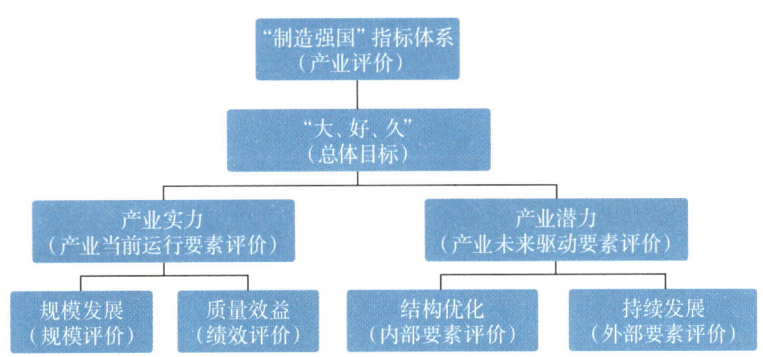

* 制造强国评价指标体系思路模型图[1]

1.《"制造强国"评价指标体系构建及初步分析》,《中国工程科学》, 2015年。

　　从上述评价指标和政策中不难发现，制造强国普遍应具备较强的创新研发实力，主要表现在对制造业的研发投入、发明专利数量、制造业研发人员占比水平均较高；制造强国的企业具有较高的生产率和效益，主要表现在制造业知名品牌数量、制造业劳动生产率、企业利润率等指标较高；制造强国的制造业规模体量较大，表现在制造业增加值和全球占比份额较高；制造强国的产业结构不断优化，表现在高技术产品贸易量高、装备制造业占制造业比重大、产业集中度高。满足上述特点的国家，才能够称为"制造强国"。

三、我国与制造强国差距有多大

　　作为"世界工厂"，中国制造业规模在全球首屈一指。中国的制造业规模在2010年达到1.955万亿美元，在全球制造业占比约为19.8%，首次超过美国成为全球最大的制造业国家。此后，从2010年到现在，中国制造业规模不断扩大，制造业产

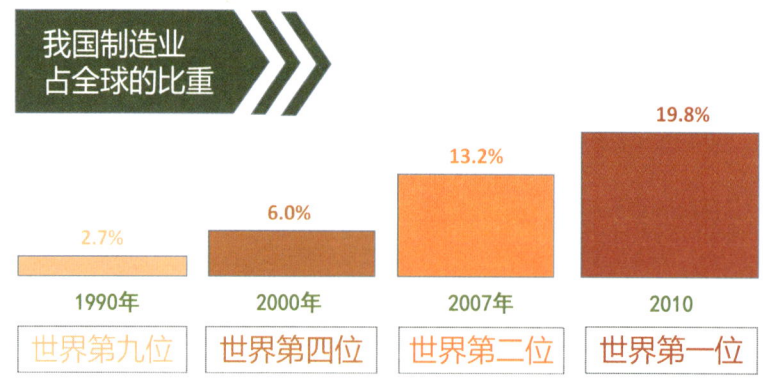

我国制造业占全球的比重

1990年	2000年	2007年	2010
2.7%	6.0%	13.2%	19.8%
世界第九位	世界第四位	世界第二位	世界第一位

* 改革开放以来我国制造业连续多年稳居世界第一

值连续多年位居全球第一。2018年，工业增加值超过30万亿人民币（大约是4.3万亿美元），占世界制造业的比重上升至28.2%，同期的美国制造业增加值约为2.17万亿美元，日本为1.01万亿美元。然而，我国制造业仍然面临着大而不强的问题，在许多领域依然存在一定差距，特别是芯片、关键原材料、关键零部件、重大装备等领域依然是我国制造业薄弱环节。

最新发布的《2020中国制造强国发展指数报告》显示，2019年全球九大制造强国大体分为4个阵列：第一阵列是美国，制造强国发展指数为168.71分；第二阵列是德国和日本，制造强国发展指数分别为125.65分和117.16分；中国位于第三阵列，制造强国指数为110.84分，韩国（73.95分）、法国（70.07分）和英国（63.03分）同属第三阵列；印度和巴西归为其他阵列。从制造强国指数衡量的规模、质量、结构和持续发展四个评价维度来看，中国制造业在规模上居全球首位，质量效益和持续发展在一定时期内仍将成为我国的短板，同时，随着中国本土制造企业经营状况表现不断向好，中国制造业

中国与世界制造强国制造业生产率比较[1]

	中国	美国	德国	日本
2010年制造业劳动生产率（万美元/人）	10.56	—	31.03	42.49
2011年制造业劳动力成本（美元/小时）	2.8	35.4	46.4	35.4
2012年每万人口中研究人员数（人）	1.071	4.663	5.305	7.038
2014年人均制造业增加值（MVA）（美元）	1219	5520	7737	7913

1.《中国制造业与世界制造强国的比较及启示》，《东南学术》，2016年第2期，第47页。

在产业结构优化方面已初具竞争优势。2018年，中国制造业劳动生产率约为28975美元/人，仅是美国的19%，是日本的30.2%和德国27.8%。按照2025年的中长期发展目标来看，中国制造业综合竞争力将实现对日本、德国的赶超，进入制造强国第二阵营。

从具体领域来看，我国制造业与主要发达国家间仍存在差距。美国制造业优势主要是在先进制造领域，包括半导体设计及其设备制造、航空航天、医药和医疗设备产业等领域，此外，美国硅谷的科技巨头还引领了全球互联网生态发展，是全球科技标准的制定者，对于制造业的智能化、数字化发展也具有一定的影响力。日本和德国作为传统工业强国，拥有众多实力雄厚的制造业企业和品牌，其数控机床、精密制造、机械装备、半导体、原材料等领域的关键技术和产品在我国制造业发展中起到不可或缺的作用。此外，韩国、法国、英国也在制造业的部分细分领域中占据着各自的优势，特别是在智能手机、半导体、家电等领域对我国企业形成激烈竞争。

* 郑州海马汽车公司为小鹏汽车代工生产

我国制造业世界顶级品牌、知名品牌数量仍较少。全球制造业品牌竞争非常激烈，美、日、德等制造强国在电子信息、通信、工业设备、汽车及零部件、数码家电、日用化工以及生物医药等众多领域都拥有大量世界知名品牌。品牌影响力提升了产品在性能、质量和售后服务等方面的附加价值，传递了商品的企业文化。中国的知名企业，如华为、联想、小米等非常重视品牌建设，其品牌影响力在全球范围内日益增强。然而，中国在制造业更多领域的世界顶级品牌与制造强国相比还有很大差距，知名品牌数量较少，品牌影响力有限。

为实现我国制造业产业链安全，构建自主可控的先进制造业体系，迫切需要下更大功夫实施国产替代战略。一方面，在对国外技术产品依赖较大或完全依赖的领域，要加大基础研发的长期投入，实现从零到一的突破，在产业发展中注重运用长期战略性思维，重在实现资本和技术的长期积累。另一方面，在已经具备替代产品但我有人优的产业领域，通常我国已经具备了一定技术储备，这时就要注重产业链的完整性，补足产业链缺失部分，利用庞大的国内市场进行产品技术迭代，确保产业链提质增效。

"十四五"时期既是我国全面建成小康社会后的新起点，也是实现第二个百年奋斗目标的开局期，既是我国迈向高收入国家的关键阶段，也是建设制造强国的战略时期。当前，全球经济社会局势风云变幻，全球制造业格局正在发生深刻变革，总体来看，我国制造业发展仍处于重要战略机遇期。但同时也应注意到，外部环境不确定因素明显增多，国际市场挑战复杂多样，"黑天鹅"和"灰犀牛"事件频繁发生。当前，在我国构建国内国际双循环格局背景下，推动制造业高质量发展仍将成为主基调。因此，我国制造业发展应顺应国内外发展形势，积极推动产业结构、模式升级和新旧动能转换，主动建设创新引领、协同发展、绿色高效的现代化产业体系。

第 **3** 章

我国建设制造强国历程回顾

我们必须坚持深化供给侧结构性改革这条主线，继续完成"三去一降一补"的重要任务，全面优化升级产业结构，提升创新能力、竞争力和综合实力，增强供给体系的韧性，形成更高效率和更高质量的投入产出关系，实现经济在高水平上的动态平衡。

——习近平总书记在省部级主要领导干部学习贯彻党的十九届五中全会精神专题研讨班上的讲话（2021年1月11日）

沧桑巨变七十载，民族复兴铸辉煌！新中国成立 70 余年来，中国共产党领导我国制造业取得了举世瞩目的伟大成就。党领导全国人民，立足国情，改革创新，历经"社会主义革命和建设时期、改革开放和社会主义现代化建设新时期、中国特色社会主义新时代"三个阶段，推动制造业不断取得新成就。

一、社会主义革命和建设时期（1949—1978 年）

新中国成立初期，由于帝国主义、封建主义、官僚资本主义长期的压榨掠夺和连续战争的破坏，整个国民经济已处于崩溃状态，工业基础十分薄弱。以毛泽东同志为主要代表的中国共产党人，坚持"工业为主导"，充分发挥社会主义制度优势，集中力量优先发展工业，建立了独立完整的工业体系，实现了工业产品产量的迅速增长，为中华民族"站起来"提供了坚实的物质基础。

（一）工业发展道路逐渐清晰

如何让一个落后的农业大国真正实现工业化，中国共产党在发展道路上不断探索。毛泽东同志强调："中国社会的进步将主要依靠工业的发展。""没有工业，便没有巩固的国防，便没有人民的福利，便没有国家的富强。"关于党在过渡时期的总路线、总任务，他指出"我国的工业化，工业比重也要达到 70%"，并逐步确立了"以农业为基础、工业为主导"的总方针，重点发展工业，特别是国防工业和重工业，工业生产快速恢复，工业产品得到保障。1956 年，党的八大提出："当前党和人民主要的任务是集中力量发展社会生产力，实现国家工业化，逐步满足人民日益增长的物质文化需要。"关于工业化的发展，不再局限在工业本身，毛泽东同志提出"在优先发展重工业的条件下，坚持工业和农业并举、重工业和轻工业并举"的发展方针，妥善处理农轻重比例关系，纺织、医药等一批民生工业得以发展。随着社会主义工业化不断深入，我国逐渐认识到社会主义现代化的长期性，科学制定发展路线。1964年，周恩来正式宣布"实现农业、工业、国防和科学技术的现代化"的宏伟目标，并在1975年重申了实现"四个现代化"的目标和步骤，即"第一步，用十五年时间，即在1980年以前，建成一个独立的比较完整的工业体系和国民经济体系；第二步，在本世纪内，全面实现农业、工业、国防和科学技术的现代化，使我国国民经济走在世界的前列"。至此，我国完成了由单纯实现工业化到基本实现"四个现代化"的工业化道路转变，这是以毛泽东同志为主要代表的中国共产党人关于社会主义工业化道路的不断探索，为新中国前30年建立起独立完整的工业体系提供了政治保障。

| 知识链接 |

"四个现代化"的提出

1964年12月21日至1965年1月4日，第三届全国人民代表大会第一次会议在北京召开，中国共产党第一次正式和完整地向全国人民提出了"四个现代化"的任务。周恩来在《政府工作报告》中宣布，调整国民经济的任务已经基本完成，整个国民经济已经全面好转，今后发展国民经济的主要任务，就是要在不太长的历史时期内，把我国建设成为一个具有现代农业、现代工业、现代国防和现代科学技术的社会主义强国，赶上和超过世界先进水平。

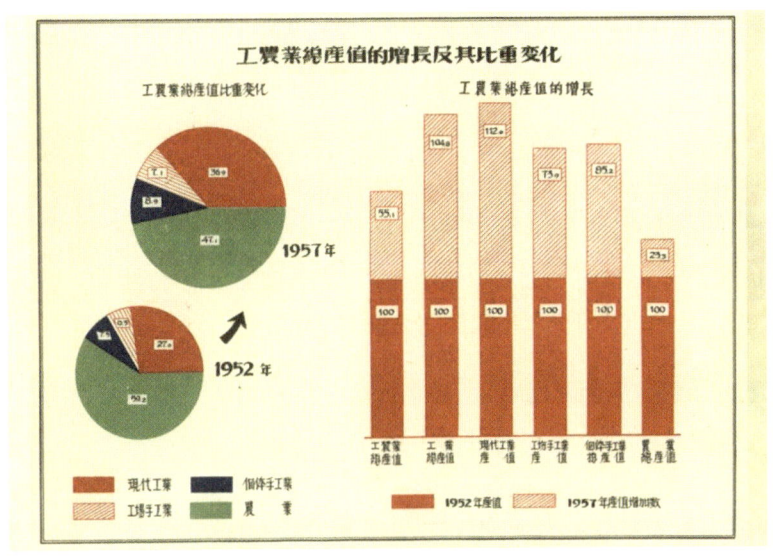

* "一五" 计划期间工农业总产值的增长及其比重变化情况。图片来源：中央档案馆档案文献

（二）156个重点项目加速工业化进程

社会主义制度是我国能够快速实现工业化的制度保障。新中国成立初期，工业基础薄弱，中国共产党领导全国人民，集中全国力量以工业为中心，充分利用苏联援助，打破国际封锁，重点建设 "156个重点项目"，把有限资源用于增强国家工业基础。"156个重点项目" 涵盖煤炭、石油、电子、钢铁、有色、化工、机械、轻工、医药、军工等几乎所有的工业门类，为一穷二白的中国开启了工业化大门。这些项目后来都成为本行业的排头兵和工业 "母机"，为我国工业培养了大批技术人才，奠

定了我国工业发展基础。在工业布局上，新中国成立初期，我
国工业集中在东北和东部沿海。但出于国防和工业布局需要，
1964年中共中央作出开启三线建设的决定，发挥社会主义制
度优势，引导工业向中西部布局，形成新一轮的产业布局，优
化了我国工业空间结构。通过制定规划推动信息化发展，1956
年6月，我国完成了"十二年科学技术发展远景规划"的制定，
首次将计算技术、半导体、电子学和自动化列为发展重点，信
息化起步。同年8月，成立了中国科学院计算技术研究所，专
项研究计算技术。新中国成立后，在中国共产党领导下，在较
短时间内由一个落后的农业国快速地进入到工业国行列，完成
了发达国家几百年走过的工业化历程。这一成就的取得，从根
本上说是因为我国具有集中力量办大事的制度优势。

"一五"期间156个重点项目（部分）

项目名称	分布地区
1.煤炭工业 峰峰中央洗煤厂 峰峰通顺三号立井 平顶山二号立井 阜新海州露天矿等25处	河南　陕西　河北 山西　辽宁　吉林 安徽　黑龙江
2.石油工业 兰州炼油厂 抚顺第二制油厂2处	甘肃　辽宁
3.电子工业 北京电子管厂 南京无线电厂 四川无线电厂等10处	北京　江苏　四川 陕西　湖北　广东
4.钢铁工业 鞍山钢铁公司 武汉钢铁公司 包头钢铁公司等7处	河北　辽宁 内蒙古　吉林 湖北　黑龙江

续表

项目名称	分布地区
5.有色金属工业 哈尔滨铝加工厂 云南锡业公司等11处	云南　甘肃　江西 河南　湖南　辽宁 吉林　黑龙江
6.化学工业 吉林氮肥厂 太原化工厂等7处	山西　吉林　甘肃
7.机械工业 长春第一汽车制造厂 富拉尔基重型机械厂 哈尔滨汽轮机厂等24处	陕西　甘肃　辽宁 河南　吉林　湖北 湖南　黑龙江
8.轻工业 佳木斯造纸厂1处	黑龙江
9.医药工业 华北制药厂 太原制药厂2处	河北　山西

| 知识链接 |

156个重点项目背景

中华人民共和国一成立，毛泽东同志即于当年底访苏，以谋求中苏两国关系的发展，特别是苏联对华的政治经济援助。毛泽东同志在莫斯科同斯大林就中苏友好同盟条约问题、苏联对中华人民共和国贷款问题、两国贸易和贸易协定以及有关两国利益的若干问题进行初步会晤后，周恩来于1950年1月20日率中国政府代表团抵达莫斯科，进行具体的谈判。通过会谈，双方除签订了《中苏友好同盟互助条约》《关于中国长春铁路、旅顺口及大连的协定》外，还签订了《关于苏联贷款给中华人民共和国的协定》。

该协定规定，苏联以年利率1%的优惠条件，向中国提供3亿美元的贷款。当年苏联即开始用这笔贷款向中国提供第一批大型工程项目50个，帮助中国进行国民经济最重要部门的恢复和改造。这50个项目就是156个重点项目中的第一批，主要是煤炭、电力等能源工业，钢铁、有色、化工等基础工业和国防工业。随后，中苏双方经过多次商谈，重点项目扩展到了后来的156个。

（三）先进典型精神代代传

新中国工业化过程中，中国共产党带领广大人民群众自力更生、艰苦奋斗、无私奉献，形成并推广了一批典型经验，成为我国建设社会主义的宝贵精神财富。核工业领域，20世纪50年代，面对核大国的讹诈与垄断，党的第一代领导集体果断决定研制"两弹一星"，广大科研人员在条件十分艰苦的情况下先后取得成功，凝练形成的"两弹一星"精神，成为中国人民自强不息、艰苦奋斗的可贵民族精神。石油工业领域，在党的领导下，克服极其困难的条件，仅用三年时间就拿下大庆油田，1964年党中央对全国工业战线提出"工业学大庆"的号召，学习大庆自力更生、艰苦奋斗的精神，以推动全国工矿企业和社会主义建设向前发展，极大提升了人民群众投身工业的热情。大庆精神成为新中国工业发展中重要的精神财富。工业方法上，1960年，毛泽东同志对社会主义企业管理工作进行总结，提出要实行民主管理，实行干部参加劳动、工人参加管理，改革不合理的规章制度，工人群众、领导干部和技术员三结合，即"两参一改三结合"的制度，也就是"鞍钢宪法"，这是党对工业发展模式的积极探索，为冶金工业发展积累了人才。党在新中国工业化过程中形成的"两弹一星"精神、大庆精神等，已经成为中华民族伟大精神的重要组成部分，是党带领全国人民建设中国特色社会主义，实现中华民族伟大复兴的重要动力源泉。

| 知识链接 |

鞍钢宪法

"鞍钢宪法"是鞍山钢铁公司于20世纪60年代初总结出来的一套企业管理基本经验。1960年3月11日，中共鞍山市委向党中央作了《关于工业战线上的技术革新和技术革命运动开展情况的报告》，毛泽东同志在3月22日对该报告的批示中，高度评价了鞍钢的经验，提出了"两参一改三结合"的制度，并把这些原则称为"鞍钢宪法"，在全国范围内推广。

在党的坚强领导下，我国由落后的农业国快速进入到工业国行列，基本建成了独立的、比较完整的工业体系和国民经济体系，冶金、机床、能源、化工、电子、汽车、造船、飞机、火箭、卫星等工业领域门类齐全，工业体系独立，从根本上解决了工业化中"从无到有"的问题，为工业现代化奠定了基础。原子弹、氢弹、航天卫星、人工合成胰岛素、核潜艇等许多领域进入世界先进行列。红旗牌轿车、解放牌卡车、首架国产喷气式飞机等相继问世，弥补了我国工业发展的多项空白。钢铁、原油等基础工业实现快速发展。成品钢材产量由1949年的13万吨，增长到1977年的1633万吨，增长超过100倍；原油由

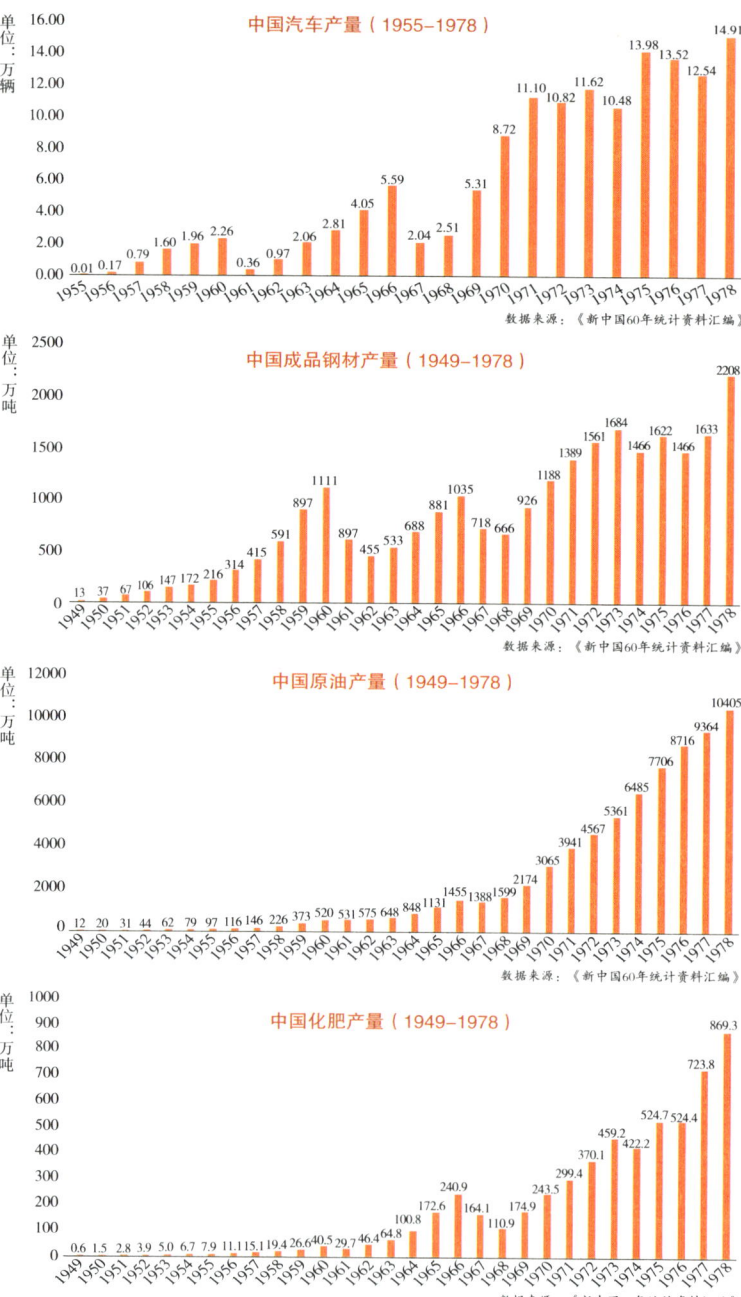

单位：万辆

中国汽车产量（1955–1978）

数据来源：《新中国60年统计资料汇编》

单位：万吨

中国成品钢材产量（1949–1978）

数据来源：《新中国60年统计资料汇编》

单位：万吨

中国原油产量（1949–1978）

数据来源：《新中国60年统计资料汇编》

单位：万吨

中国化肥产量（1949–1978）

数据来源：《新中国60年统计资料汇编》

* 改革开放前重点工业产品产量变化。图片来源：赛迪研究院制图

1949年的12万吨，增长到1977年的9364万吨，实现了迅猛发展。民用工业领域也取得显著进步，青霉素、压力锅、电视机、收音机、手表、缝纫机等民用工业产品产量不断提升，人民物质生活不断丰富。1970年，我国棉纱产量超过美国，跃居世界第一，棉布产量超过印度跃居世界第一，这是新中国成立以来工业产品首次位居世界第一。信息化方面，第一台电子计算机研制成功，每秒运算一万次。第一套全自动长途电话设备启用，全国长途电话自动化网络逐渐铺开。首条载波通信干线建成，通信技术和设备制造取得重大进步。

二、改革开放和社会主义现代化建设新时期（1978—2012年）

1978年，党的十一届三中全会顺利召开，拉开了中国改革开放的序幕，标志着中国社会主义建设进入了一个新的历史发展阶段，也标志着中国工业化发展进入了新一轮快速发展期。在中国共产党的坚强领导下，我国经济体制改革稳步推进，对外开放的力度、深度、广度不断强化、拓展，工业发展取得了举世瞩目的成就，工业经济总量跃上了新的台阶，中国成为全球第一制造业大国，既有效地保障了人民物质生活需要和经济社会发展需要，又成为影响和改变全球产业格局的重要力量。

（一）深化改革不断释放企业活力

党的十一届三中全会解开了束缚制造业发展的绳索。1978年12月，党的十一届三中全会正式决定"把全党工作的着重点

和全国人民的注意力转移到社会主义现代化建设上来"，确立了
"以经济建设为中心"的基本路线。在中国共产党的正确领导
下，我国市场化改革稳步推进，社会主义生产力不断获得解放
和发展，制造业发展活力得以充分释放。

国企改革稳步推进，奠定制造业高质量发展基础。国家在扩
大企业自主权的基础上先后推行了经济责任制、利改税改革、租
赁经营责任制、厂长（经理）负责制、股份制、承包经营责任制、
"拨改贷"等改革，逐步建立起富有活力的国营企业管理体制和
运行机制。基本上，国企改革可以分为四个阶段。第一个阶段是
1978—1987年改革开放的第一个十年，国家聚焦国企经营管理
方式，实施放权让利和两权分离等举措。第二个阶段是1988—
1997年改革开放的第二个十年，国家聚焦国企制度改革，实施
企业机制转换、推动国企建立现代企业制度等举措。第三个阶段
是1998—2012年，国家聚焦国资监督管理体制改革，实施国有
经济战略性调整、设立国资委、完善国企法人治理结构及垄断行
业改革等措施。第四个阶段是党的十八大以来，国家聚焦深化国
企改革，实施分类改革、混合所有制改革等举措。以中国建材为
例，中国建材集团处于充分竞争行业，水泥、玻璃等行业产能严
重过剩、布局分散、市场混乱、恶性竞争等情况较为突出。面对
这种发展环境，中国建材通过发展混合所有制经济，加快推进资
源整合、结构优化和产业升级，成功"突围"，实现了快速发展。

| 知识链接 |

中国建材混改的"三七原则"

对于发展混合所有制，有国企担心国有资本会被"蚂蚁

搬家"式地蚕食，民企则担心会被"公私合营"。中国建材以"三七原则"打消了双方顾虑，采取"正三七"和"倒三七"的多元化股权结构。"正三七"是指中国建材集团持有上市公司30%以上的股份，作为第一大股东进行相对控股；"倒三七"是指中国建材集团的上市公司采取"倒三七"的股权结构，即约70%的股份由上市公司持有，给其他投资者或民企创业者保留约30%的股份。通过"正三七"与"倒三七"的股权划分，中国建材形成了一套自上而下的有效控制体系，既保证了集团在战略决策、固定资产与股权投资等层面的绝对控制权，也确保了上市公司和子公司的利润。

民营经济改革不断深化，为制造业发展增添重要活力。党的十二大提出，"鼓励和支持劳动者个体经济作为公有制经济的必要的、有益的补充"，随后在宪法修订中确定了私营经济的法律地位和经济地位。党的十四大确定了"以公有制为主体，个体经济、私营经济、外资经济为补充，多种经济成分长期共同发展"的方针，明确了走社会主义市场经济道路。在一系列政策措施的支持下，民营企业从默许、承认到被鼓励，经历了从无到有、从小到大、从弱到强、从国内到全球的成长过程，在国民经济中的重要性日益凸显。改革开放以来，民营企业发展也经历了四个阶段。第一个阶段是1978—1991年，民营企业从国家的经济困境中诞生，通过打破雇工数量限制，民营企业规模得以不断壮大。第二个阶段是1992—2001年，特别是邓小平的南方谈话和党的十四大后，建立社会主义市场经济体制，民营企业由此得以在市场的浪潮里、国企改制的进程中、互联网经济的加持下蓬勃发展。第三个阶段是2002—2012年，中国加入世界贸易组织（WTO），政策环境大幅宽松，民营企业获得了实现大发展的有利条件。第四个阶段是从党的十八大以来，党的政策进一步增强民营企业发展信心，全方位改革持续优化民营企业的发展环境，民营企业活力得到进一步迸发。

（二）对外开放全面步入世界舞台

以党的十一届三中全会为标志，我国开始了对外开放的历史性转变，对外开放从局部地区向全国推进。1980年，党中央决定设立深圳、珠海、汕头、厦门4个经济特区，标志着我国对外开放的航船正式扬帆启航。随后，对外开放的范围由特区逐步扩大到了沿海、沿江、沿边地区，初步形成从沿海向内地推进的格局。到2001年12月，我国成功加入世界贸易组织。中国政府积极推动企业以对外投资、对外经济技术合作等多种方式走出国门，充分利用"两种资源、两个市场"，我国对外经济合作驶入良性发展的快车道，工业领域对外投资规模不断扩大，领域不断拓宽，层次和水平不断提升。经过多年的发展，逐渐形成了从沿海到内地的全方位对外开放的区域格局，全面推动我国制造业发展。随着对外开放的不断深入，实现了在企业合资、人才引进、园区共建等多领域的合作，带动我国工业园区管理经验、产业园区建设能力和工业化水平获得大幅度提升。

| 知识链接 |

中国加入世界贸易组织的历程

1997年8月，中国与新西兰签署了世贸组织市场准入谈判的双边协议，新西兰成为第一个与中国结束双边谈判的西方国家。1999年11月，中美两国就中国加入世贸组织问题达成双边协议，这是中国加入世界贸易组织的关键性一步。2000年5月，中国与欧盟就中国加入世贸组织问题达成双边协议。2001年9月，中国与墨西哥结束了关于中国加入世贸组织的双边谈判，至此全部完成了与世贸组织成员的双边市场准入谈判。2001年11月10日，在卡塔尔多哈举行的世界贸易组织第四届部长级会议通过了中国加入世贸组织的法律文件，标志着经过15年的艰苦努力，中国终于成为世贸组织新成员。同年12月11日，我国正式加入世界贸易组织，成为其第143个成员。

（三）两化融合持续推动转型升级

工业化和信息化融合发展，成为推动我国制造业进一步发展的大势所趋。江泽民同志指出，"信息化是我国加快实现工业化和现代化的必然选择"。1995年10月，党的十四届五中全会通过的《关于制定国民经济和社会发展"九五"计划和二〇一〇年远景目标的建议》，首次提出了"加快国民经济信息化进程"的战略任务。党的十六大报告指出，"坚持以信息化带动工业化，以工业化促进信息化，走出一条科技含量高、经济效益好、资源消耗低、环境污染少、人力资源优势得到充分发挥的新型工业化道路"，为我国制造业高速发展指明了方向。胡锦涛同志指出，"要着力推进融合发展，深化信息技术在工业领域的集成应用"。工业和信息化部为适应工业和信息化融合发展需要应运而生。2008年，党中央积极推进工业和信息化管理部门改革，成立工业和信息化部，完成了工业化和信息化融合的制度设计。工业和信息化部成立后，积极贯彻落实《关于深化制造业与互联网融合发展的指导意见》等文件，把工业发展建立在创新驱动、集约高效、环境友好、惠及民生、内生增长的基础上，有力促进了工业化和信息化的融合发展。

改革开放以来，中国制造业的发展日新月异，成就斐然。2010年，中国制造业增加值首次超过美国，这是自19世纪中叶以来，经过一个半世纪后我国重新取得世界制造业第一大国的地位。目前，中国在彩电、手机、计算机、粗钢、纺织品等多个产品领域产量已位居世界第一，在企业创新、吸引外资和企业规模等方面均取得瞩目成绩。

创新能力显著增强。改革开放以来，中国在世界创新体系中的地位越发凸显。一方面，中国研发经费投入力度不断加大，2004年研发经费（R&D）支出占GDP比重仅为1.23%，

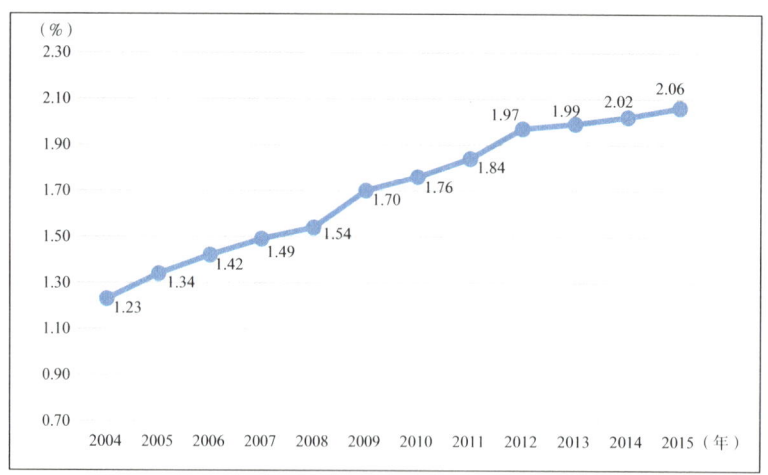

* 2004—2015年R&D经费占GDP比重。数据来源：国家统计局

2015年达到2.06％。随着研发投入的增加，中国创新能力得以不断提升。根据《国家创新指数报告2013》数据显示，2013年中国国家创新指数在全球40个主要国家中已上升至第19位，发明专利申请量与授权量分别居全球第一和第二位，占全球总量近38％。

吸引外资能力不断提升。改革开放以来，制造业完整的产业配套体系、高效的产品生产能力和日益增强的技术创新能力让中国逐渐成为全球最为重要的制造业基地，不断吸引更多外资来华投资。据统计，1980年中国外商直接投资额（PDI）仅为0.57亿美元，占全球第57位；到2013年，中国外商直接投资额达到1239.11亿美元，占全球第二，仅次于美国。

企业规模持续壮大。改革开放以来，随着国有企业不断深化改革，民营企业活力得到充分激发，逐渐涌现出一大批世界级骨干企业。在2015年《财富》世界500强排行榜中，中国

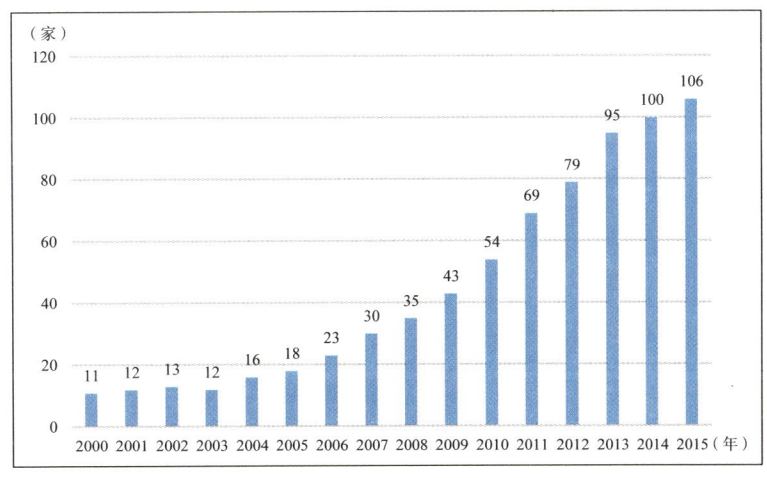

* 2000—2015年中国世界500强上榜企业数量。数据来源：《财富》杂志

有106家企业上榜，占世界500强企业总数的21.2%，上榜企业数量仅次于美国。

| 知识链接 |

工业和信息化部成立背景

工业和信息化部，是在2008年中国"大部制"改革背景下新成立的中央部委。国家认为，中国正处于工业化加速发展的重要阶段，走新型工业化道路，推进信息化和工业化融合，推进高新技术与传统工业改造结合，促进工业由大变强，是当前和今后一个时期的重要任务。组建工业和信息化部，正是为了加快走新型工业化道路的步伐。之前，工业行业管理由国家发展和改革委员会、国防科学技术工业委员会、信息产业部分别负责，管理分散，不利于工业的协调发展。为加强整体规划和统筹协调，有必要对相关职责进行整合。于是，在这样的背景下，工业和信息化部应运而生。

三、中国特色社会主义新时代（2012年至今）

"雄关漫道真如铁，而今迈步从头越。"面对新一轮科技革命和产业变革与我国加快转变经济发展方式形成的历史性交汇，以习近平同志为核心的党中央以全球视野和战略眼光，立足治国理政全局，加强战略谋划和前瞻部署，瞄准"两个一百年"奋斗目标，开启制造强国建设伟大征程。习近平总书记强调，要牢牢抓住振兴制造业特别是先进制造业，推动制造业从数量扩张向质量提高的战略性转变。加快推动制造业高质量发展，为实现中华民族伟大复兴的中国梦谱写华美篇章。

（一）制造强国战略引领制造业由"大"到"强"

高度重视，组织有力。为推进实施制造强国战略，加强对有关工作的统筹规划和政策协调，国务院三次召开常务会议，研究部署制造强国实施工作，成立由23个部门组成的国家制造强国建设领导小组，29个省及直辖市组建了由省（市）主要领导任组长的制造强省（市）领导小组，形成了上下联动、横向协同的组织实施机制。积极开展城市试点示范，有效促进了地方政策资源优化整合，逐步探索出了一些典型的制造业转型升级的新模式、新路径。

中央引领，配套跟进。国家制造强国建设领导小组和战略咨询委员会指导发布重点领域技术路线图，制订一系列配套文件，包括创新中心、智能制造、绿色制造等5个工程实施指南，服务型制造和装备制造业质量品牌2个专项行动指南，以及新材料、信息产业、医药工业和制造业人才4个发展规划指南。地方和企业积极响应，纷纷出台系列推进方案和配套措施。

| 知识链接 |

国家制造强国建设领导小组

为推进实施制造强国战略，加强对有关工作的统筹规划和政策协调，国务院决定成立国家制造强国建设领导小组。2015年6月16日，国务院办公厅发布《关于成立国家制造强国建设领导小组的通知》，国家制造强国建设领导小组正式成立。其主要职责是统筹协调国家制造强国建设全局性工作，审议推动制造业发展的重大规划、重大政策、重大工程专项和重要工作安排，加强战略谋划，指导各地区、各部门开展工作，协调跨地区、跨部门重要事项，加强对重要事项落实情况的督促检查。领导小组办公室设在工业和信息化部，承担领导小组的日常工作。

（二）辉煌"十三五"，制造强国迈出坚实步伐

2017年，党的十九大报告再次明确指出，加快建设制造强国，加快发展先进制造业。"十三五"时期我国制造业发展取得巨大成就，制造业转型升级取得明显成效，综合实力稳步提升，全社会重视实体经济、重视制造业的氛围更加浓厚，制造强国建设迈出坚实步伐。

制造规模和体系优势更加彰显。在党的坚强领导下，制造业大国地位进一步巩固。2020年，我国制造业增加值达26.59万亿元，超过美、德、日三国总和，占全球比重接近30%，连续11年居世界首位，一批重要产品产量占全球一半以上，生产了全球1/3的汽车、57%的粗钢和水泥、59%的电解铝、62%的甲醇、80%的家电以及90%的手机、电脑、彩电等。同时，我国是全球唯一拥有联合国产业分类中全部工业门类的国家，包括41个大类、207个中类、666个小类，是全球工业体系最为完整的国家，规模大、体系全已成为我国制造业的重要竞争优势。

产业创新能力显著提升。习近平总书记强调，关键核心技术

是国之重器，对推动我国经济高质量发展、保障国家安全都具有十分重要的意义，必须切实提高我国关键核心技术创新能力，把科技发展主动权牢牢掌握在自己手里，为我国发展提供有力科技保障。"十三五"期间，我国规模以上制造业企业研发投入强度由0.97%提升至1.45%，一些重点领域开始进入"并跑""领跑"阶段，5G整体实力跻身全球高端，高铁、C919大型客机、超级计算机、载人航天、探月工程、北斗导航、载人深潜、深海油气装备、极地科考装备等领域取得一批具有世界影响力的重大创新成果。布局建设了动力电池、增材制造、印刷及柔性显示等17家国家制造业创新中心，各地方培育了187家省级创新中心，以国家制造业创新中心为核心节点、省级制造业创新中心为重要补充的制造业创新网络正在加快成型。

* 蓝鲸一号深海钻井平台

　　产业结构持续优化。习近平总书记在党的十九大报告中指出："我国经济已由高速增长阶段转向高质量发展阶段，正处在转变发展方式、优化经济结构、转换增长动力的攻关期。"通过统筹稳增长、调结构、促转型,传统产业和新兴产业都呈现良好发展势头。提前两年完成1.5亿吨钢铁去产能上限目标,初步建立绿色制造体系。高技术制造业、装备制造业增加值占规模以上工业增加值的比重分别达到15.1%和33.7%,已经成为引领增长的重要力量。我国新能源汽车产销量占全球一半以上,连续11年位居世界第一;工业机器人、无人机、新型智能硬件、智能网联汽车等新产业加快发展;云计算、大数据、物联网、区块链、车联网等新技术蓬勃兴起;网络化协同研发、大规模个性化定制等新模式新业态不断涌现。

企业竞争力持续增强。企业是市场经济的主体,也是社会发展的重要力量。通过大力优化营商环境,完善企业服务体系,促进制造业企业健康发展。2020年,我国有58家制造业企业进入全球500强,24个工业和信息化领域知名品牌入选世界品牌500强。在信息通信、轨道交通等领域涌现出一批创新能力强的高技术领军企业,全国范围内认定专精特新中小企业3.7万家,遴选国家级专精特新"小巨人"企业1832家,制造业单项冠军企业596家。制造业重点行业骨干企业"双创"平台普及率超过80%,大中小企业融通发展、共生共赢的产业生态体系不断完善。

| 知识链接 |

制造业"双创"平台

大众创业、万众创新(以下简称"双创")是小企业兴业之策,也是大企业昌盛之道。制造业是实体经济的主体，也是"双创"的主战场。构建基于互联网的制造业"双创"平台，有利于激发制造业企业创新活力、发展潜力、转型动力，有利于深化制造业与互联网融合发展，是加快制造业新旧动能转换的重要动力。为加快培育制造业"双创"平台，2021年8月1日工业和信息化部印发《制造业"双创"平台培育三年行动计划》的通知。

开放发展水平显著提升。开放带来进步，封闭必然落后。我国对外开放的大门将越开越大，以更加开放的姿态拥抱世界，如在汽车、船舶、飞机等领域外资股比限制逐步取消，国际产能和装备制造合作深入开展，船舶与海洋工程装备、卫星等已成体系走出国门，中国制造业在全球产业链供应链中的位势在不断攀升。

（三）应对新冠肺炎疫情制造业功不可没

化危为机，全力应对。面对突如其来的新冠肺炎疫情、世界经济深度衰退等多重严重冲击，我国制造业全力应对，有力支撑起国民经济平稳运行。全力以赴保障医疗物资供给，实现了疫情防控医疗物资生产短时间内十几倍甚至成百上千倍地增长，不仅保障了国内抗疫需求，还大量出口为国际抗疫做出中国贡献。

化危为机，继续前进。新冠肺炎疫情对我国来说是一场大考，只有坚定迎难而上的信心和决心，变压力为动力，善于化危为机，才能有序恢复生产生活秩序，扎实做好"六稳"工作，全面落实"六保"任务。2020年，在一季度大面积停工停产的情况下，二季度全力推动复工复产，三季度工业经济稳步恢复，全国工业产能利用率达到76.7%，恢复至近年较高水平，四季度工业产能利用率进一步攀升至78%，41个工业大类行业中有25个实现正增长。

"千磨万击还坚韧，任尔东西南北风。"通过抗击新冠肺炎疫情，全社会都进一步认识到制造业的重要性，面对瞬间骤增的百倍千倍需求冲击，正是由于我国拥有完备的产业体系和强大的生产动员能力，才能迅速打通产业链条，恢复生产供应，为我国率先控制疫情、率先复工复产、率先实现经济增长由负转正、成为全球唯一经济正增长主要经济体提供了有力支撑。

| 知识链接 |

新冠疫苗研发的不同技术路线

我国已开展5条新冠疫苗研发技术路线，其中灭活路线7家、腺病毒载体路线2家、重组蛋白路线4家、核酸路线3家、流感减毒路线2家。灭活疫苗生产工艺成熟，质量标准可控、保护效果良好；减毒活疫苗技术路线通过减毒流感疫苗为载体，携带新冠病毒S蛋白，刺激人体产生抗体；腺病毒载体疫苗是利用对人体无害的非复制型病毒作为载体，装入新冠病毒刺突蛋白抗原形成的疫苗；重组蛋白亚单位疫苗技术路线，是通过基因工程的方法，生产新冠病毒关键S蛋白，并将蛋白注入人体，刺激抗体产生；核酸疫苗包括DNA疫苗和RNA疫苗两种，是将编码新冠病毒S蛋白的基因直接给药，使人体细胞直接表达抗体蛋白，刺激免疫产生。

（四）奋进"十四五"，绘就制造强国新蓝图

基于对世界大势的敏锐洞察和深刻分析，以习近平同志为核心的党中央作出一个重大判断：世界面临百年未有之大变局。"变"是"十四五"时期制造业发展环境与条件中最突出的主题。我们要深刻认识这一"变局"的丰富内涵，牢牢把握变局给中华民族伟大复兴带来的重大机遇，要准确识变、科学应变、主动求变，勇于开顶风船，善于转危为机，努力实现"两个一百年"奋斗目标。

第一个"变"是新工业革命向纵深推进。新工业革命是一场科技创新大潮，更是一场深刻的产业变革。新一代信息技术、新材料、新能源等领域颠覆性技术不断涌现，技术迭代频率加快，不同学科、不同领域的技术出现多重交叉融合，跨学科、跨领域的集成创新越来越多，对制造业的传统模式及发展方式带来挑战。大数据、物联网、云计算等新一代信息技术与制造业深度融合，推动制造模式发生深刻变化，产业链、价值链、创新链出现分化重组，不断催生新产业、新业态、新模式。

| 知识链接 |

新工业革命

2015年10月14日，国务院常务会议强调，"互联网＋"与"双创"是制造强国建设的重要手段，彼此结合起来进行工业创新，将会催生一场"新工业革命"，提出中国将真正推动一次新的工业革命，充分体现了在对工业革命内涵全面把握的基础上，结合中国推动的经济发展技术和举措，特别是"互联网＋""双创"，以及改革红利等给经济发展

带来的新气象，所做出的正确判断，这对于中国经济特别是中国制造业的发展将产生深远影响。

第二个"变"是大国博弈日趋复杂。改革开放以来，我国发挥比较优势，深度融入全球产业体系，积极参加WTO等各类国际组织开展国际合作，经济实力不断增强，国际地位不断提升，影响力不断扩大，快速成长为世界第二大经济体，正在改变世界"一极独大"的局面。美国政府在人权、主权、经济、军事、外交等领域大做文章，推动炒作涉疆、涉台、涉港等政治话题，拉拢鼓动盟友对我采取统一立场，其实质就是要挤压我们的发展空间、扰乱我们的发展环境、打断我们的发展进程，将我们牢牢摁在全球产业价值链中低端。

第三个"变"是全球产业链加速重塑。经过几十年发展，我国凭借低廉的资源要素成本、完善的基础设施以及巨大的市场发展成为"世界工厂"，成为"三角循环"[1]中的重要一极。新冠肺炎疫情暴发以来，基于成本效率原则建立起来的全球产业链布局暴露出过度集中的脆弱性和风险隐患，各国产业链本土化"呼声"渐强，纷纷着手构建更独立、完整、安全的产业链，这将推动全球产业链向本土化、区域化发展。

第四个"变"是资源要素和环境约束进一步趋紧。过去凭借着体制转轨红利、人口红利、自然资源红利，我国经济迅猛发展，成为世界第一制造业大国。但未来，我国制造业发展面

1.指国际大三角分工格局，即由美国和欧洲给全球提供市场和技术，东亚给全球提供制造和人力资源，中东和非洲给全球提供能源和资源。

临更加紧缺的资源供给和更加严格的生态红线，如人口红利不断衰减、资源能源对外依存度持续攀升、治理环境污染已经迫在眉睫，要素驱动、规模扩张的传统发展模式越来越难以为继。

坚持变中求新、变中求进、变中突破。《中华人民共和国国民经济和社会发展第十四个五年规划和 2035 年远景目标纲要》明确提出要"深入实施制造强国战略"。坚持自主可控、安全高效，推进产业基础高级化、产业链现代化，保持制造业比重基本稳定，增强制造业竞争优势，推动制造业高质量发展，这为"十四五"时期制造业开好局、起好步指明了方向。我们要全力应对制造业的"变"这个大环境，努力实现从制造大国到制造强国的转变。

第 **4** 章

制造强国建设的基础与挑战

实体经济是基础，各种制造业不能丢，作为 14 亿人口的大国，粮食和实体产业要以自己为主，这一条绝对不能丢。

——习近平总书记在中央财经委员会第七次会议上的讲话（2020 年 4 月 10 日）

经过各族人民的共同努力奋斗，我国已成为世界第一制造业大国，产业结构不断优化，新兴产业蓬勃发展，一大批代表世界领先水平的先进制造业集群不断涌现。在取得这些举世瞩目辉煌成绩的同时，我们也应清醒地看到，受基础研发实力、人才储备等问题困扰，我国制造业结构优化的步伐仍相对较慢，制造强国建设仍需奋力前行。

一、综合实力稳步提升至世界第一制造业大国

1929年，《生活》周刊收到关于展望"未来之中国"的投稿，提出"吾国何时可自产水笔、灯罩、自行车、人工车等物什，供国人生存之需？吾国何时可产巨量之钢铁、枪炮、舰船，供给吾国之边防军？……"发人深省的十问。93年后的今日，我国已然实现当年民众之期盼。经过新中国成立70多年以来的不懈奋斗，我国制造业发展取得巨大成就，成功跻身世界第一大工业国、第一大货物贸易国，拥有全球最完备的产业体系，综合实力稳步提升，全社会重视实体经济、重视制造业的氛围日益浓厚，为制造强国建设奠定了坚实的基础。

（一）规模体量跃居全球首位

改革开放以来，我国制造业规模快速提升，制造业增加值分别于2007年、2010年超过日本和美国，跃居全球首位。"十三五"时期，我国克服来自国内外的多方面压力，2020年实现制造业增加值26.6万亿元，超过排在第二、第三、第四位的美、德、日三国总和，成为连续11年保持全球规模最大的制

造业国家。中国制造业为全球作出重要贡献，对全球制造业贡献比重从2004年的8.6%快速提升到27.8%，成为名副其实的制造业大国。

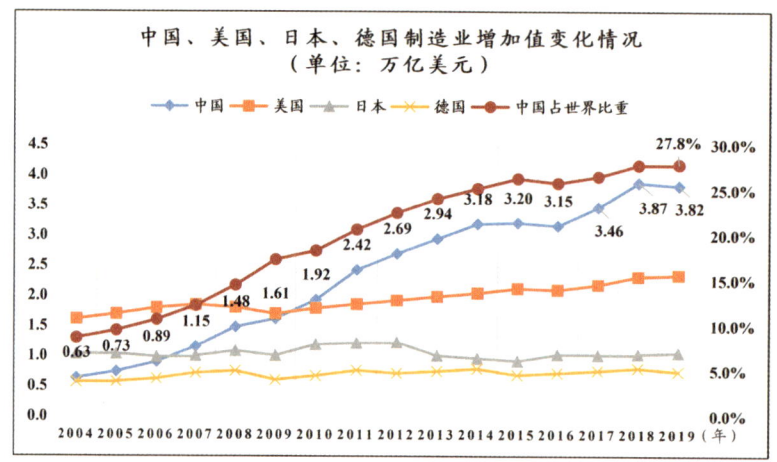

* 中美日德制造业增加值及中国占世界比重（2004—2019年）。数据来源：Wind数据库，赛迪智库整理

| 知识链接 |

工业和制造业

工业是指从事自然资源的开采，对采掘品和农产品进行加工和再加工的物质生产部门。按照《国民经济行业分类》（GB/T 4754—2017），工业包括采矿业、制造业、电力、热力、燃气及水生产和供应业，含41个大类。

制造业是指机械工业时代利用某种资源（物料、能源、设备、工具、资金、技术、信息和人力等），按照市场要求，通过制造过程，转化为可供人们使用和利用的大型工具、工业品与生活消费产品的行业，主要包含31个大类。

回首新中国成立初期，我国连基本民生用品都无法自给自足，从"洋火""洋灰""洋油""洋钉"等这些"洋"字头产品可以感受到当时我国工业发展水平的落后。然而，如今在世界500种主要工业品中，我国有220种产品产量居全球第一位，还有一些重要领域，我国生产了全球一半以上的产品，例如，全球57%的粗钢和水泥、59%的电解铝、62%的甲醇、80%的家电以及90%的手机、电脑、彩电等。我国汽车产量占全球总产量的比重从2000年的4%提升到2020年的33%，其中，新能源汽车产量从2013年的1.8万辆上升至2020年136.6万辆，连续6年实现产销量全球第一。此外，电力、航空航天、海洋、交通等高端装备也纷纷达到全球领先水平，电子信息、先进通信设备等新兴产业实现突破发展，"海陆空天"均有"中国制造"的身影，中国通过制造业与全球更加紧密联系在一起。

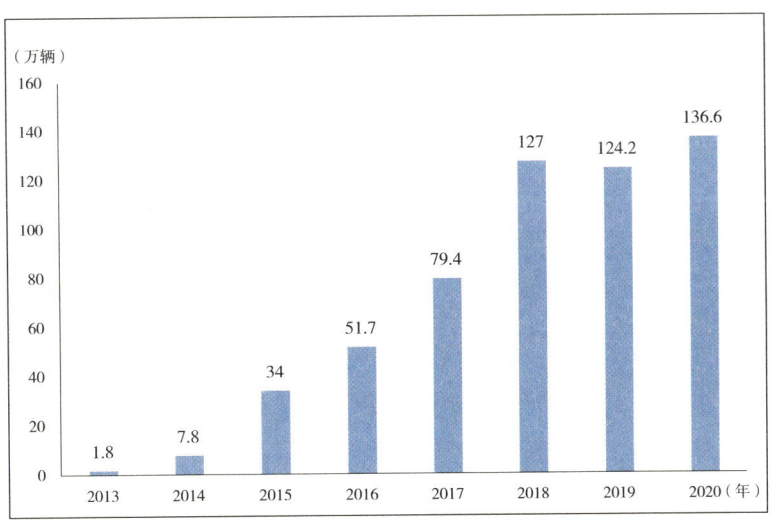

* 我国新能源汽车产量（2013—2020年）。数据来源：中国汽车工业协会

建设 制造 ————→ 强国

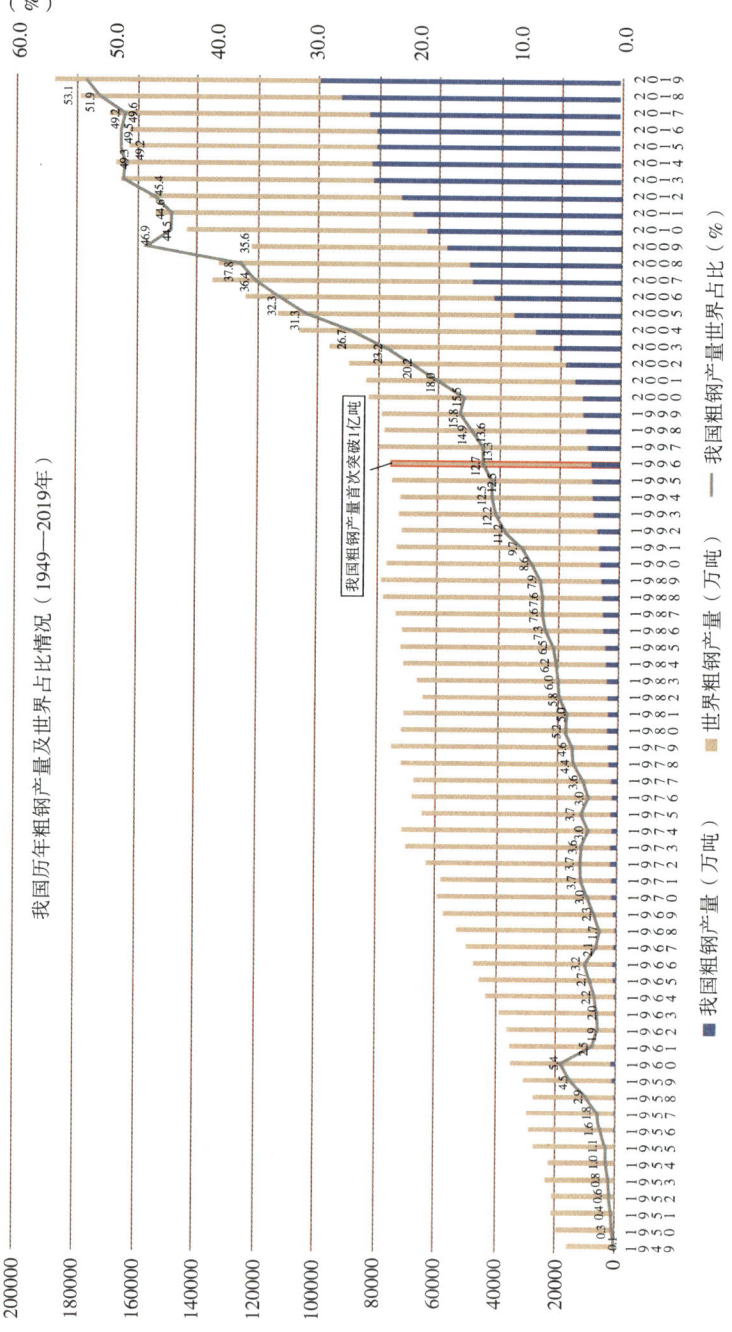

我国历年粗钢产量及世界占比情况（1949—2019年）

* 我国历年粗钢产量及世界占比情况（1949—2019年）。数据来源：国际钢铁协会

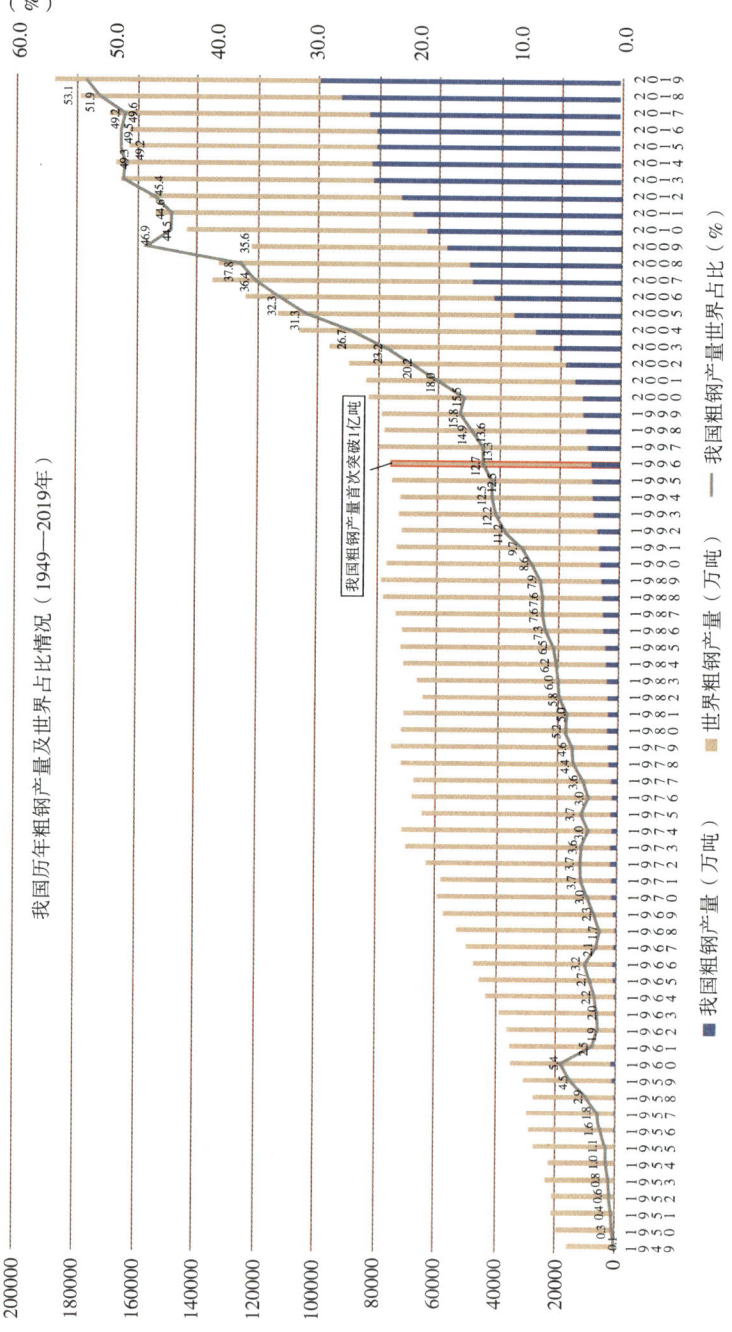

082

（二）产业体系配套完备高效

我国是全球唯一拥有联合国产业分类中全部工业门类的国家，小到大头针、纽扣，大到石油钻井平台、航空母舰，41个大类、207个中类、666个小类均有布局，比如，航空母舰是现代科技的高度结晶，从不起眼的螺丝到大型起吊装置，建造所需的设备和零部件数以万计、缺一不可。我国自主研发的航空母舰"山东舰"实现了完全国产化，体现出中国船舶生产体系的完备性。此外，还有多类产业已经形成上下游全产业链发展态势，如纺织服装、高端装备、电子信息等多个领域呈现出产业集聚发展。

| 知识链接 |

"山东舰"航空母舰

2019年12月17日，我国第一艘自主设计、自主配套、自主建造的全国产航母"山东舰"在海南三亚正式交付海军。"山东舰"于2013年11月19日正式动工，排水量6万吨左右，拥有更先进的动力系统、航电系统和雷达通信系统，涉及的上万个零部件全部采用国产产品。

完备的制造业体系已经成为我国制造业重要的竞争优势，加上全国便捷畅通的交通物流等基础设施，塑造了我国产业链快速组织和响应能力，使我国产业体系运转更加高效。例如，在株洲市内只需一杯咖啡的时间，就可集齐生产一台电力机车所需的上万个零部件；拥有"中国电子第一街"之称的深圳华强北汇集了电子、电器、通信等几十个行业、千余家企业，一台手机所需的电路板、传感器、外壳、相机模组甚至塑料和金属原材料等材料组件在15分钟内即可配套齐全，是我国电子信息产业体系中完备、高效和便捷的典型代表。

* 2021年深广高端医疗器械集群发展论坛暨第85届中国国际医疗器械秋季博览会在深圳召开

2020年突发的新冠肺炎疫情给全球经济社会发展带来巨大挑战，受国内外交通物流阻断等影响，医疗物资产业链面临多点断裂的风险，如何快速满足短时间骤增的需求成为各国面临的重大难题。我国产业链快速组织和响应能力在新冠肺炎疫情物资保障工作中得到完美诠释。疫情初期全球爆发口罩荒，可谓"一罩难求"。医用口罩看似简单，但其产业链包括化工、纺织、机械、冶金、电子等，生产线覆盖资金、人才、技术、原材料、设备、厂房等诸多要素，面对爆发式增长的需求和口罩原材料短缺的矛盾，石化等原材料企业"跨界护盘"，汽车装备等企业快速转产响应，成功保障了疫情防控需求。从2020年3月到2020年底，中国海关共验放出口口罩2242亿只，为中国以外的人们每人提供近40只口罩，彰显了我国产业体系齐全高效的优势，也成为我国民生保障的重要基础。

（三）货物贸易枢纽作用日益凸显

随着全球化分工推进，我国已经成为全球120余个国家和地区的最大贸易伙伴，以及近65个国家和地区的第一大进口来源国。2020年我国货物进出口总额32.2万亿元人民币，增长1.9%，是新冠肺炎疫情影响下全球唯一实现贸易正增长的主要经济体，连续4年居全球首位，对全球进出口贸易贡献度高达13.13%，自新中国成立以来累计增长超12个百分点。2020年货物出口17.9万亿元，增长4%，自2009年起，已经连续13年保持全球最大的货物出口国，出口总额约占世界贸易总额的11%，制造大国支撑贸易大国的作用更加凸显。

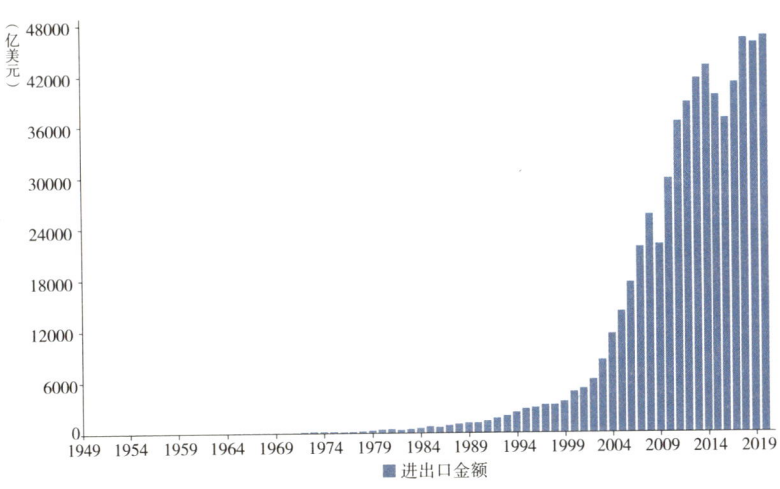

* 我国货物进出口金额变化情况（1949—2019年）。数据来源：Wind数据库，赛迪智库整理

我国已经成为大部分国家制造业中间品的主要进口来源地，在全球供应链中构建起关键核心的"枢纽"节点。基于联合国工业发展组织（UNIDO）统计数据，2018年，我国占世界制造业贸易的比重达到17%，远高于德国10%、美国7%、日本5%，与2000年相比，累计提高了12个百分点，比重增长近3.4倍。目前，我国已经成为世界中间品的最大供应国，我国中间品贸易额占世界比重高达三分之一，已成为全球制造体系的"枢纽"之一。

| 知识链接 |

中间品

中间品是指在一种产品从初级产品加工到最终消费经过一系列生产过程中没有成为最终产品之前处于加工过程的产品的统称。如棉花是初级产品，投入生产过程后得到的棉纱、坯布、色布及裁剪的服装面料等都是中间产品。

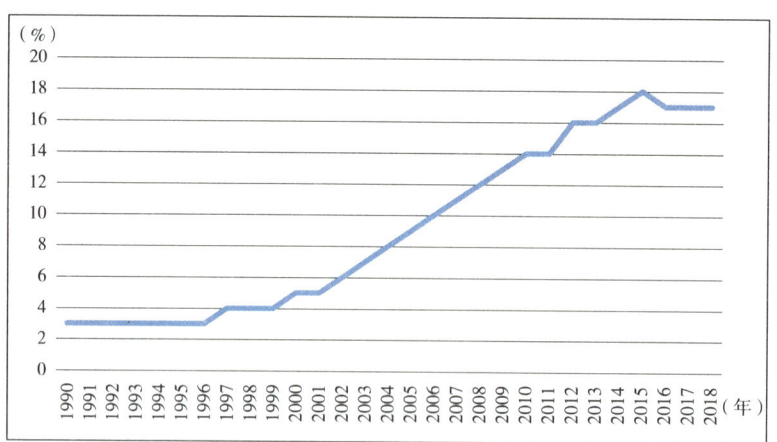

* 我国制造业贸易占世界的比重（1990—2018年）。数据来源：联合国工业发展组织

二、产业结构优化升级取得积极进展和突破

习近平总书记在党的十九大报告中指出："我国经济已由高速增长阶段转向高质量发展阶段，正处在转变发展方式、优化经济结构、转换增长动力的攻关期。"当前，我国制造业正处于积极推动质量、效率、动力三大变革的关键阶段，围绕转方式、调结构等方面不断向纵深迈进。

（一）传统产业持续优化升级

党的十八大以来，我国工业结构持续优化升级，钢铁、水泥、电解铝等高消耗、高排放行业去产能稳步推进，制造业在工业占比逐步提升，由2012年的86.6%提升到2018年的88.8%。其中，传统制造业比重不断缩小，比如纺织服装、服饰业主营业务收入占制造业比重从1999年的最高3.1%下降到2018年的1.9%；黑色金属冶炼及压延加工业从2008年的10.8%下降到2018年的7.1%，钢铁去产能提前两年完成"十三五"目标，产能利用率和企业经营效益显著提升。

在国际贸易方面，一般贸易占比持续提升也反映了我国产业结构的优化。2020年，一般贸易进出口19.3万亿元，增长3.4%，占进出口总额的59.9%，比上年提升0.9个百分点；加工贸易进出口7.6万亿元，下降3.9%，占进出口总额的23.8%，较上年下降1.4个百分点。

传统制造业领域不再"以规模大小论英雄"，改造升级的步伐明显加快，以云计算、大数据、物联网、人工智能、区块链为代表的新一代信息技术加速与制造业深度融合，产业

数字化进程不断推进，数字化车间、智能工厂普及率逐步提升，截至2020年6月，制造业重点领域企业关键工序数控化率和数字化研发设计工具普及率分别达到51.1%和71.5%。工业互联网平台生态加速构建，形成涉及钢铁、能源、化工、机械、家电等领域的10个跨行业跨领域平台，赋能制造业高质量发展。

| 知识链接 |

　　金川集团5G＋镍铜智能选厂示范生产线

　　甘肃省金昌市的金川集团经过长期推进企业高端化、智能化和绿色化转型，将经营状态扭亏为盈，2021年3月26日，其突破技术瓶颈，将5G＋移动工业互联网技术引入生产线，标志着我国第一条5G＋镍铜智能选厂示范生产线的开始建设。

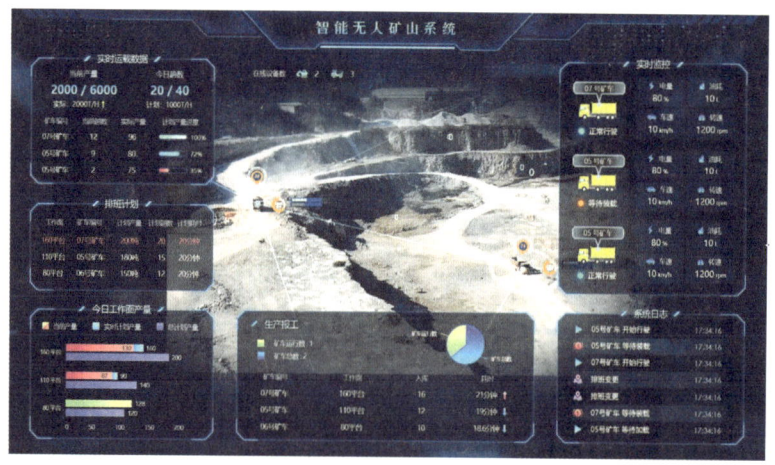

＊ 智能无人矿山系统

（二）新兴产业发展迈入快车道

"十三五"以来，我国以战略性新兴产业为代表的新兴产业进入"快车轨道"，快速崛起，产业规模增速始终高于全国工业总体增速。2020年上半年，我国战略性新兴产业规模以上工业增加值同比增长2.9%，高出全国总体增速4.2个百分点，拉动经济增长的新动能作用越发凸显。高技术制造业、高端装备制造业也实现快速发展，2020年，我国高技术制造业同比增长7.1%，高端装备制造业同比增长6.6%，汽车、计算机等占制造业比重有了大幅上升，2018年较2012年分别提高了2.5个百分点和3个百分点，成为工业中占比最高的两个大类行业。

得益于工业企业研发能力不断提升，我国在5G、车联网等移动通信领域，动力电池等新能源汽车领域，高端机床装备领域，航空、基板玻璃新材料领域等新兴产业不断取得创新突破。

* 国家智能制造试点示范——广西柳工机械股份有限公司

近年来，我国快速涌现出一批科技型独角兽企业，如大疆、商汤科技等制造业知名品牌。2020年美国全球市场研究机构CB Insights评估我国独角兽企业数量达122家，占全球的24%，仅次于美国居全球第二，新兴产业发展主体不断发展壮大。

| 知识链接 |

独角兽企业

　　独角兽企业是投资行业尤其是风险投资业的术语，一般指成立时间不超过10年、估值超过10亿美元的未上市创业公司。独角兽企业代表了新经济业态，引领着社会创新。部分独角兽企业一旦成为行业巨头，必然使得一个行业的经济以及发展潜力大大增强，往往会引领一个国家的科技进步与产业升级。比如"互联网＋"，由于新技术、新业态、新模式的大量应用，技术驱动发展模式会随之盛行。

　　——何岩：《独角兽公司与蓝鲸公司》

（三）节能降耗减排扎实推进

　　习近平总书记强调，建设生态文明是关系人民福祉、关系民族未来的大计。我们既要绿水青山，也要金山银山。宁要绿水青山，不要金山银山，而且绿水青山就是金山银山。

　　党的十八大以来，我国制造业坚持绿色发展理念，持续推动"高投入、高消耗、高污染"增长模式向绿色、循环、低碳发展方式转变。工业企业不断加大节能降耗减排力度，2016—2019年，全国规模以上工业企业单位工业增加值能耗累计下降超过15%，万元工业增加值用水量累计下降27.5%。

随着我国绿色制造工程的持续推进，以绿色标准、绿色工厂、绿色产品、绿色园区和绿色供应链为核心的绿色制造体系不断完善。目前，我国已确定61家全国首批工业产品绿色设计示范企业，发布覆盖119种产品的绿色设计产品名录和129项绿色设计产品标准，推动51家工业园区创建国家低碳工业园区。

| 知识链接 |

绿色制造体系

2016年9月20日，工信部办公厅发布了《关于开展绿色制造体系建设的通知》（工信厅节函〔2016〕586号），文件指出，绿色制造体系的主要工作包括：绿色工厂、绿色设计产品、绿色园区和绿色供应链的建设。绿色制造体系在纵向上包含了绿色产品的设计、产品的生产加工以及产品的供应链建设；而在横向上，则将工厂、产业链及整个园区有机地衔接在一起。

* 绿色制造体系。赛迪研究院制图

三、空间布局逐步实现因地制宜，均衡发展

改革开放40多年来，我国制造业以产业园区、产业基地等集聚形式快速发展，产业综合实力和开放水平不断提高，逐渐形成东部率先、西部开发、东北振兴、中部崛起的制造业发展格局。党的十九大明确提出，要"促进我国产业迈向全球价值链中高端，培育若干世界级先进制造业集群"，为推动制造业高质量发展提出了新要求、指明了新方向。

（一）"四大板块"形成梯次互补发展格局

东部地区是我国工业改革开放的前沿阵地，总体经济实力强劲，占据我国工业总量的半壁江山，是工业由东向西扩散发展的重要基石，也是我国制造业加速对外开放、转变经济增长方式的先行军。目前形成了以京津冀、长三角、粤港澳等国家区域战略为核心的产业布局。其中，京津冀以首都北京为核心集聚了丰富的高校及科研院所等制造业创新资源，是探索区域协同发展的前沿阵地。长三角区域是我国经济发展最快、开发程度最高、创新活力最强的区域之一，从改革开放初期的"温州模式"，到"共同富裕示范区"，长三角地区敢为人先，形成了集成电路、生物医药、智能加工、新材料、新能源汽车、交通船舶制造等多个支柱产业。粤港澳大湾区是我国对外开放的窗口，尤其广东省作为粤港澳大湾区的重要一极，是全国制造业规模最大省份，其工业和制造业规模约占全国的12%，2018年全省规模以上制造业增加值为2.94万亿元，同步增长6.2%，具有较强的带动辐射作用。

| 知识链接 |

四大板块

四大板块是指东部率先、西部开发、东北振兴、中部崛起。党的十八大以来，在以习近平同志为核心的党中央坚强领导下，我国深入实施区域协调发展战略，以五大重大国家战略为引领，连南接北、承东启西，以四大区域板块为支撑，优势互补、交错互融，构建起高质量发展的区域协调发展新格局。

由于自然环境、交通设施等方面原因，西部地区的工业基础薄弱，制造业总体规模相对较小，但在"三线建设"、国家"西部大开发"等战略的引领下，西部地区制造业从无到有、从小到大，并坚持以供给侧结构性改革为主线，不断提高供给质量，重点形成航空航天、生物医药、矿产能源等传统特色优势产业，同时积极承接东部沿海地区的产业转移。"十三五"期间，西部地区的12省区市均实现高速发展，内蒙古、四川、贵州、云南、西藏、陕西、青海、宁夏8个省区市的规模以上工业增加值增速皆超过国家平均水平，其中，西藏12.5%、云南11.8%、陕西9.2%、贵州9.0%、青海8.6%均跻身全国增速前十，呈现出良好的发展势头。

东北地区是重要的老工业基地，在我国经济发展和社会建设中发挥了举足轻重的作用。2003年10月，中共中央、国务院发布《关于实施东北地区等老工业基地振兴战略的若干意见》，加快东北地区老工业基地振兴步伐，对我国区域协同发展具有重要的战略意义。东北三省围绕优势产业配置创新资源，深化国有企业的体制机制改革，确保人才引得进、留得住、用得好，并利用"一带一路"的机会建设完善东北与沿边、沿海国家的贸易往来，加快东北工业振兴，疏通阻碍要素集聚的瓶颈，破除"投资不过山海关"的偏言。2018年，辽宁规模以上工业增加值增幅较2017年提升5.4个百分点，增速居全国前三，黑龙江、吉林在企业利润、高技术制造业等方面也取得较快增长，形成汽车、石化、医药、装备等支柱产业。

在国家"一五"期间到"四五"期间的区域平衡发展战略下，中部地区承接了金属、装备、石化、纺织等产业。改革开放以来，中部地区产业结构逐步优化，轻工业和重工业更加平衡。党的十八大以来，我国中部地区工业发展更是取得显著成效，安徽、江西、湖南、湖北、河南五省规模以上工业增加值均高于全国平均水平。中部六省依托资源禀赋和产业基础，优化区域分工和产业布局，围绕新一代信息技术、新能源汽车、航空航天、高端装备、生物医药等重点产业集聚发展。新兴产业的带动作用更加显著，2018年安徽省战略性新兴产业产值增速高达16.1%，占规模以上工业总产值比重达29.5%，产业结构进一步优化，发展后劲更加强劲。中部地区依托自身区位优势，积极融入"一带一路"、长江经济带等国家重大战略，为中部崛起集聚力量、开拓空间。

（二）一批先进制造业集群加快发展壮大

近年来，我国制造业区域联动效应显著，呈现出地理位置上的集群式发展态势，正在建设若干具有一定规模和影响力的先进制造业集群，涵盖先进材料、电子信息、高端装备以及生物医药等主要领域，形成显著的区域辐射带动效应。比如，新一代信息技术领域已经形成深圳电子信息、武汉芯屏端网、合肥智能语音等产业集群，高端装备领域已经打造西安航空、长沙工程机械、株洲轨道交通等产业集群，生物医药领域形成上海张江生物医药、江苏泰州生物医药等产业集群，多点开花、错位互补的产业集群正成为我国制造业高质量发展的重要载体。

| 知识链接 |

国家先进制造业集群竞赛

2021年3月，工业和信息化部围绕电子信息、高端装备以及生物医药等先进制造领域，通过多轮遴选评选出两批共25个制造业集群优胜者名单，旨在通过"赛马论英雄"，从不同行业领域内的领先者中，按照统一的评价标准选出"国家先进制造业集群"，引导支持集群建设，提升我国先进制造业的全球竞争力。

集群间积极借助大数据、云计算、人工智能、工业互联网等新一代信息技术，加速集群数字化发展，推动跨区域资源集聚和整合，促进区域间产业链分工和协作，强化集体协同、共同创新，逐步实现由"串点成线"到"串线成网"，避免集群内"自我小循环"的问题。西安航空产业集群通过新舟系列支线飞机和大型运输机等整机制造项目的带动，扩展产业链条，在国家大战略的背景下，推动航空产业部分技术的扩散，采取股份改制、技术转化等方式，加速培育供应商，建立了以飞机制造为龙头的航空产业链条，以重点型号和龙头企业为牵引完善航空产业链条。

党的十九大报告提出要"培育若干世界级先进制造业集群"，这是我国由高速增长向高质量发展转变的重要举措。2020年在全国31个省区市的政府工作报告中，有29个地区明确提出产业集群式发展，占比高达93.5%，其中，北京、福建、湖南等12个地区关注并发展"产业集群"，重庆强调"支柱产业集群"，山东、天津发展"优势产业集群"，安徽、贵州等5省提出"战略性新兴产业集群"，浙江、江苏、上海等7个地区提出"先进制造业集群"，青海提出构建低消耗、低排放、高效率、高产出"循环产业集群"，吉林提出"现代产业集群"等。"十四五"时期，我国产业集群的建设与发展有望全面提质提速。

四、制造强国建设面临亟待突破的三大挑战

当前，我国经济进入新发展阶段，制造强国建设的意义更加凸显，且仍将处于重要战略机遇期。当前内外部环境发生了深刻变化，国内生产要素相对优势逐渐削弱，资源环境承载能力达到了瓶颈，对制造业提出了高质量发展的要求；国际上逆全球化潮流抬头，大国博弈日益加剧，叠加新冠肺炎疫情加重各国内顾倾向，国际经济循环格局发生深刻调整，风险挑战不断加大。虽然我国制造业在规模体量、产业体系等方面已经取得历史性成就，但制造业"大而不强"的问题仍然突出，我国制造强国建设仍然面临产品附加值低、关键核心环节缺失、制造业人才流失三大突出问题亟待解决。

（一）我国制造业关键核心技术创新能力亟待提升

当前世界正面临百年未有之大变局，综观全球环境，逆全球化发展的思潮不断涌现，如贸易保护主义、单边主义等越发明显，全球产业分工体系加速分化重组，国际竞争格局深度调整，或重塑产业链供应链布局。世界各国更加注重自主核心技术的研发，构建起集技术、人才、市场、制造等多元共治的产业生态，提升产业链的核心竞争力。习近平总书记强调，产业链、供应链在关键时刻不能掉链子。掌握具有不可替代的技术、装备和产品是提升产业链控制力的关键。

此外，我国在标准化、知识产权等方面缺乏国际话语权，也是限制我国制造业发展的重要因素。我国当前主导制定的制造业国际标准数量不及全球总数量的0.5%，与德国、美国等发达国家存在巨大的差距，标准更新速度、升级频率也相对较慢，国家标准制定周期平均为3年，远远落后于产业发展步伐，我国的"标龄"普遍高出德国、美国、英国、日本等发达国家"标龄"的1倍以上[1]，成为阻碍我国制造业高质量发展的因素之一。

| 知识链接 |

标龄

标龄指标准的有效期，自标准实施之日起，至标准复审重新确认、修订或废止的时间。由于各国情况不同，标准有效期也不同。以ISO为例，ISO标准每5年复审一次，

1.《深化标准化工作改革方案》（国发〔2015〕13号）。

平均标龄为4.92年。我国在《国家标准管理办法》中规定国家标准实施5年，要进行复审，即国家标准有效期一般为5年。

（二）我国制造业"全而不优""大而不强"的现状尚未根本转变

从产业分工、价值链水平来看，虽然我国的制造业发展水平有明显的提升，也涌现出一批如华为等具有国际影响力的品牌和企业，但总体上我国仍处于价值链中低端水平。据亚洲开发银行研究表明，美国一部苹果手机批发价是178.96美元，在苹果手机产业链中，日本、德国、韩国分别能取得34%、17%、13%的分成，而中国只能拿到3.6%，约6.5美元，产业分工地位还不高。纺织服装等传统产业也面临附加值低、设备工艺相对落后、环境污染严重的制约。据统计，我国每年染布总量在533亿米以上，年排放约21亿吨废水，此类附加值较低、污染较大的加工制造环节，亟待向面料研发、品牌营销等产业链核心环节转型升级。

从产品质量和技术标准水平来看，我国制造业质量竞争力不强，世界知名品牌还不多。据联合国工业发展组织竞争性工业绩效指数，2018年，我国工业出口质量指数0.83，仍低于德国（0.87）、韩国（0.91）、日本（0.91）等主要国家。我国制造业产品质量合格率较低，导致出口产品因质量不合格而召回造成的损失每年超过2000亿元，间接损失更是超过万亿元。此外，企业品牌设计、建设和维护的投入与重视不足也制约着我国制造业国际化进程和高质量发展。与欧美发达国家相比，我国成功国际化发展的制造业企业屈指可数，在Interbrand于2020年公布的"全球最佳品牌百强"中，美国超过50家企业入选，而我国只有华为（第80名）一家企业进入百强名单，中国品牌影响力建设仍然任重道远。

（三）我国制造业人才结构性供需失衡问题亟须解决

随着我国人口老龄化形势越来越严峻，我国制造业面临人才数量、人才结构等制约制造业高质量发展的问题。2018年，《人民日报》通过一项覆盖三省六市共100家企业的抽样调查发现，制造行业正面临劳动者找不到、员工招不来、人才留不住的"三难"问题。

近几年，"招工难、用工荒"的问题并未得到有效改善。越来越多的年轻人大量涌入"福利好""来钱快""工作稳定"的网络直播、快递送餐等零工经济行业中。目前，我国技能劳动者不到劳动总量的20%，无法满足制造业正常用工需求。

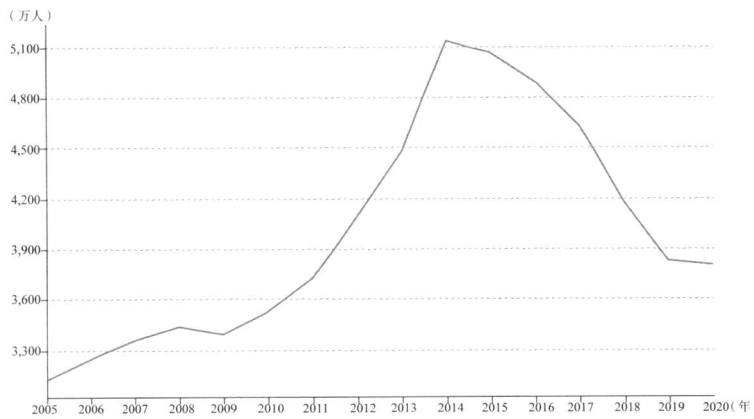

* 我国城镇制造业就业人数（2005—2020年季度平均值）。数据来源：Wind数据库

　　高技能、高素质研发人才也出现供给不足的问题，人才总量不到劳动力总量的5%，同时大量科技人才流向互联网等薪资待遇高的部门、企业。尤其在半导体等新兴产业领域，高技术复合人才更是供不应求，比如真正懂算法的人才成为掣肘国产芯片发展的主要因素。

　　教育培养机制改革相对滞后、薪资水平不高、工作环境不优等诸多因素导致我国制造业人员结构不合理、人员流失，人才要素对制造强国建设支撑作用不足的现状亟待改善。

第 5 章

创新是制造强国之源

科技攻关要坚持问题导向，奔着最紧急、最紧迫的问题去。要从国家急迫需要和长远需求出发，在石油天然气、基础原材料、高端芯片、工业软件、农作物种子、科学试验用仪器设备、化学制剂等方面关键核心技术上全力攻坚，加快突破一批药品、医疗器械、医用设备、疫苗等领域关键核心技术。要在事关发展全局和国家安全的基础核心领域，瞄准人工智能、量子信息、集成电路、先进制造、生命健康、脑科学、生物育种、空天科技、深地深海等前沿领域，前瞻部署一批战略性、储备性技术研发项目，瞄准未来科技和产业发展的制高点。

　　——习近平总书记在中国科学院第二十次院士大会、中国工程院第十五次院士大会、中国科协第十次全国代表大会上的讲话（2021年5月28日）

建设制造强国，必须创新先行。创新是加速推进制造强国的催化剂，更是中华民族伟大复兴巨轮乘风破浪，成功抵达彼岸的发动机。只有助力社会发展和造福人民群众的创新才会永葆青春活力，一旦脱离现代化经济体系建设需求的"土壤"，再鲜艳夺目的创新也是无源之水、无本之木。

一、制造业和创新驱动正深度融合：创新是制造业发展的主引擎，制造业是创新的主战场

（一）创新是实现制造业由大变强的原动力和主引擎

以史为鉴，可知兴替。纵览世界工业革命史，可以发现：第一次工业革命，英国一枝独秀，成为"日不落帝国"；第二次工业革命，德国、美国、日本等多个新兴工业强国异军突起，迎头追上；第三次工业革命，美国赶超各国，成为全球制造业第一强国。每一次工业革命均由重大颠覆性创新成果引爆，谁牵住了科技创新这个牛鼻子，谁下好了科技创新这步先手棋，谁就能占领先机、赢得优势。美国、德国、日本等之所以崛起为制造强国，无不凭借强大的科技创新能力。历史的车轴不会因为人的主观意愿而停下，以智能制造为核心的第四次工业革命已悄然而至。而当下中国制造业水平仍位于全球第三阵列[1]，与位于第一阵列的美国和第二阵列的德国、日本还存在较大差距。我国制造业大而有韧性，但是它的核心力量不足，就像是

---

1. 中国工程院制造强国战略研究组主编：《2020中国制造强国发展指数报告》，2020年12月。

浑身赘肉的巨人，急需一场脱胎换骨的创新拉练。抓住机遇，乘势而上，坚持创新原则是推动中国制造业快速进入第二阵列的关键。

近年来，发达国家和新兴经济体都在寻找经济复苏的路径，美欧地区纷纷制定以重振制造业为重点的"再工业化"战略，依靠人才、技术和市场优势，在信息网络、新能源、新材料等新兴领域的先发优势明显，中高端制造业出现"回流"现象；东南亚和南亚地区则凭借人力和资源优势、优惠投资政策等，吸纳中低端制造业转移，致力成为国际制造业新的"世界工厂"。全球制造业高低端同时发力，使我国制造业发展面临"高端回流"和"中低端分流"的双重挤压，此时落实创新驱动发展战略，坚持自主创新，重视协同创新和融通发展，拥抱更多新技术、新模式、新业态，促进高端制造、柔性制造、增材制造等技术发展，把传统产业改造升级、新兴产业重点培育、未来产业谋篇布局贯通起来，成为我国制造业应对复杂挑战的根本出路。

| 知识链接 |

柔性制造

疫情暴发于中国春节之际，口罩、防护服、额温枪、呼吸机、熔喷布等防疫物资告急，本行企业加急生产，其他自动化程度高的企业快速完成生产线切换，跨界援助生产口罩。比亚迪、上汽通用五菱、广汽集团等多家企业参与到生产口罩中。如比亚迪通过对现有手机车间净化室的升级改造，可直接用作口罩车间的净化室；研发人员借用现有的高端设备，7天内就完成了口罩机的研发制造。这背后都蕴含了"柔性制造"的硬实力。面对复杂多变的局势，我国制造业亟须以创新为生命线，主动拥抱智能化转型，培育新的比较优势，抢占未来制造业领域竞争的制高点。

（二）制造业是实施创新驱动发展战略的主战场

制造业是实体经济的主体，更是支撑国家产业发展和满足人民日常生活需求的"中流砥柱"。目前中国是工业门类最全的全球制造大国，但多数产业依然处于"微笑曲线"的底端。我们亟须形成自己的设计，推出更多"从0到1"的原创性成果，打造更多的中国品牌，着力向曲线两端突围。在此驱动下，制造业是创新活动最活跃、创新成果最丰富、创新应用最集中的领域。例如，江苏全社会84%的研发投入，80%的创新成果来源于制造业。各行各业的技术进步也需要以制造业的技术创新和运用为基础。因此，必须把制造业作为主要领域和保持创新活力的重要源泉，把科技创新真正落实到产业发展上。

新工业革命与我国实施制造强国战略形成历史性交汇，创新的加持势必带来制造业的重新洗牌。"后疫情时代"制造业结合数字化技术、工业互联网平台等，转向智能、绿色、服务方向发展是大势所趋。实际上，许多科技创新恰恰是以市场需求为导向，落地于制造业的各个环节，转型升级的制造业又能反哺高新技术。科技创新与制造业虚实结合、相辅相成，共同迸发活力。脱离制造业实施创新驱动战略终究只是"水中月"、"镜中花"。

| 知识链接 |

现代产业体系

现代产业体系是以智慧经济（含数字经济）为主导、大健康产业为核心、现代农业为基础，通过五大产业（农业、工业、服务业、信息业、知识业）的融合实现产业升级、经济高质量发展的产业形态。"十四五"规划纲要提出，坚持把发展经济着力点放在实体经济上，加快推进制造强国、质量强国建设，促进先进制造业和现代服务业深度融合，强化基础设施支撑引领作用，构建实体经济、科技创新、现代金融、人力资源协同发展的现代产业体系。构建现代产业体系，是把握全球新一轮科技革命机遇、推动科技与经济以及各次产业深度融合的现实要求，是中华民族伟大复兴的硬核保障。

二、我国制造业创新发展成就斐然：制造业创新能力提升、体系完善，战略性新兴产业快速发展

（一）高水平制造业创新投入和产出是最大底气

在制造业创新体系中，研究与试验发展是灌溉创新技术的源泉，因此制造业研发（投入与产出）现状直接反映了制造业的创新水平。

制造业研发经费投入高居榜首，稳步攀升。统计显示[1]，

1.国家统计局、科学技术部、财政部主编：《全国科技经费投入统计公报》（2012—2020年）。

2011—2019年，我国规模以上制造业研究与试验发展经费投入以年均11.4%的速度增长，增速在世界遥遥领先。2019年制造业研发经费投入突破了1.3万亿美元，在全国科技经费投入的占比达到六成以上，稳居各个行业投入榜首。经费投入强度已达到1.45%，这意味着营业收入的每一万元将会有145元用于研发投入，较8年前翻了一倍，已超2020年能达到的测算指标（根据OECD统计的1999—2012年我国制造业研发投入强度年平均增速5.9%进行测算），提前超额完成任务。唯有以日积月累的投入为基石，铸就的行业大厦才能经受风雨考验。

<拓展阅读>

华为研发投入情况介绍

华为2020年的研发投入高达1418亿元，相当于国内企业第二名到第五名的总和，是2010年的约9倍，在全球企业研发投入最新排名中位居第三，仅次于谷歌和微软，这是华为能够在全球强势崛起的真正原因，也是美国倾一国之力打压华为的根源。在营收不到9000亿元的情况下，研发投入占比达到了15.9%。华为董事会成员陈黎芳表示，华为在2021年也将投入200亿美元进行研发，以初创企业心态经营。她也表示，华为可能是世界上经受审查最严格的公司，尽管目前处于复杂的境地，但华为将会生存下来，并最终摆脱美国企图利用其技术专长的束缚，开辟一条对美国依赖程度较低的新市场道路。

制造业创新产出成果丰硕，百花齐放。近期，我国每年申请专利件数将近10万件[1]，即国家知识产权局每天受理专利件数高达2000余件，企业的研发工作整体处于较活跃状态。进入国家阶段的PCT专利申请数量超过3万余件，已接近同时期美国的PCT专利申请量。我国制造业利用专利参与国际竞争的能力和专利的国际影响力都在不断增强。据报告显示[2]，2019年我国制造业新产品销售收入超过了20万亿美元，占据主营业务收入的两成，比重增幅较大，注入新鲜血液对制造业收入的影响日益突出。

（二）制造业创新体系是核心力量

加快培育发展制造业优质企业，打造行业"指明灯"。制造业优质企业以创新能力强、质量效益高为宗旨，在行业中积极成为勇挑重担的"排头兵"，真抓实干的"领头雁"。根据企业在产业分工中的位置和规模，《关于加快培育发展制造业优质企业的指导意见》提出树立"小巨人"、单项冠军和产业链领航三类优质企业典型标杆。截至2021年8月，工业和信息化部评定出超过4700家国家级专精特新"小巨人"企业，优质中小企业的梯度培育体系已基本完成。单项冠军企业抱着"十年磨一剑"的决心，长期以工匠精神深耕主营产品，为制造业创新发展提供了有力保障。一些单项冠军企业稳步发展，也逐步具备产业链领航企业的实力。目前，制造业优质企业的培育工作已经取得积极成效。

建设新型制造业创新载体，跨越技术创新"死亡峡谷"。为

1.中国电子信息产业研究院：《制造业创新指数报告（2020年）》，2021年3月。
2.国家统计局社会科技和文化产业统计司主编：《全国企业创新调查年鉴》，2020年。

致力解决共性技术缺失和成果转化不畅等短板，着力提高制造业创新效能，我国启动建设制造业创新中心工程。2016年我国成立了首个制造业创新中心——国家动力电池创新中心，旨在推动动力电池技术早日实现突破，支撑中国新能源汽车的发展。截至2020年底，共成立国家制造业创新中心17家，各地建设省级制造业创新中心180余家，引领和辐射带动制造业创新发展。其中，为了顺应时代发展的需求，于2020年新认定了稀土功能材料、集成电路特色工艺及封装测试、高性能医疗器械、先进印染技术4家国家制造业创新中心，进行全方位、多层次的布局。此外，着力突破行业技术瓶颈，认定国家技术创新示范企业600余家，充分发挥示范企业的领军作用，带动整个行业的共同发展；围绕工业和信息化领域的发展目标，在深化产学研合作、打造行业人才高地等方面开展大量工作，认定部重点实验室150余家。

| 知识链接 |

制造业创新中心

实施制造业创新中心建设工程是推进和落实制造强国战略的关键举措，也是深化制造业创新体制机制改革的有益探索。创新中心围绕技术路线图建设创新能力，开展关键技术研发，取得了一批产业前沿和关键共性技术成果，尤其在短板和长板领域技术研发方面进展较大。例如，在信息光电子、先进印染技术、增材制造等领域填补了国内多项技术空白；突破高压铸造过程中多物理场的多尺度建模与仿真、挤压铸造过程热—力耦合及多尺度建模与仿真技术，实现了复杂结构铸件铸造过程的控温、控形、控性，使得优势长板领域继续保持和扩大领先优势。

发挥先导区引领作用,供给创新应用"肥沃土壤"。为了用好以车联网、人工智能为代表的新基建这把"利刃",突破科技创新发展道路上的重点、难点,工业和信息化部与相关部门合作,启动国家级车联网先导区、人工智能创新应用先导区。截至2021年1月,共有江苏(无锡)、天津(西青)、湖南(长沙)、重庆(两江新区)国家级车联网先导区4个,江苏省苏州市和南京市2个省级车联网先导区。这是我国迈向汽车强国的必由之路,也是实现弯道超越的重要法宝,同时带动电子信息、通信等其他关联产业的发展。覆盖京津冀、长三角和珠三角区域的人工智能创新应用先导区增至8个,将成为人工智能和实体经济融合的桥梁,产出更多宝贵的经验、模式,为智能制造添砖加瓦。

(三)高质量战略性新兴产业是领军先锋

中国高铁已成为中国铁路高质量发展的闪亮名片。交通强国,铁路先行。中国高铁从跟跑到领跑,取得了举世瞩目的成就。截至2020年底,我国铁路里程达到14.6万公里,是新中国成立初期的7倍,其中高速铁路里程达到3.8万公里,创造了从无到有再到里程世界第一的壮举[1]。高铁四通八达,车速从120公里每小时,提升到600公里每小时,实现了质的飞跃,两个城市之间只需要几个小时,已如公交般便捷,日益成为人们出

1.中共交通运输部党组:《加快建设交通强国为全面建设社会主义现代化国家当好先行》,2021年7月。

行方式的首选。最近提出的以竹子为原材料制造车厢，不仅强度高、质量轻，还环保，引起了国内外广泛关注。贯穿上班族日常生活的中国地铁也享誉中外，在开通城市数量、轨道交通运营里程、运营客运量等方面均居世界第一；列车运行可靠度、正点率还有发车间隔等关键运营指标位居国际前列。全自动无人驾驶技术也给智慧交通注入了新活力，例如，上海的第四条轨道交通全自动无人驾驶线路——15号线于2021年1月23日开通试运营，这是国内首条一次性开通公里数最长、全自动驾驶等级最高的轨道交通路线。有不少地铁凭借着高质量远销海外，赢得了国际社会的广泛赞誉，也为我国带来了许多的"铁杆客户"。世界上海拔最高、线路最长、穿越冻土里程最长的高原铁路——青藏铁路更是结束了西藏不通铁路的历史，有力推动了雪域高原的跨越式发展和各族人民生活的改善，串起了高原旅游的"珍珠链"，成为西藏经济社会发展的"输氧线"。

＊ 时速600公里高速磁浮列车样车——中车四方所研制生产

电力"高速公路"——特高压技术成为"中国创造"和"中国引领"的另一张亮丽名片，彻底改变"煤从空中走"的境况，使"电送全中国"顺利实现。我国成为世界首个，也是唯一一个成功掌握并实际应用特高压这项尖端技术的国家。我国不仅全面突破了特高压这项高难度技术，还率先建立了完整的特高压输电技术的标准体系，成功自主研发出了成套的特高压设备。截至2020年3月，我国已经有25条特高压线路正常运行，7条特高压线路正在建设，实现了南北互济、水火交融，使电网资源得到充分的优化配置。我们再也不用"拉闸限电"，也不会像前些年那样电器一多就跳闸，停电逐渐成为儿时记忆。特高压技术不仅在国内推而广之，也带着我们的自豪走出了国门，为其他国家提供便利。

＜拓展阅读＞

特高压输电

我国电力资源80%以上分布在西部和北部地区，然而我国70%以上的电力消费需求却集中在中部和东部地区。也就是说西部和北部资源充足，但人口少用不完；而中部和东部资源少，人口多不够用。因此需要将西部和北部的资源输送到中部和东部，电能的远距离运输显得极为迫切。这不仅需要翻山越岭，跨越湖泊和河流，输电过程中也会产生大量损耗，特高压输电技术应运而生。特高压是一种电压等级，直流输电不小于±800千伏和交流输电不小于1000千伏电压都称为特高压。特高压装备代表了电工装备的最高水平。特高压输电技术不仅传输距离远，并能极大程度上减少损耗。

新能源汽车换道超车撬动新动能。报告显示，我国新能源汽车销量连续3年超过100万辆，连续6年位居全球第一。新能源汽车续航里程稳步提升，整车平均电耗降低，动力电池能量密度提升。自主造车新势力蔚来、小鹏、理想齐头并进，开始在全球新能源汽车市场占据一席之地[1]。总体来看，我国新能源汽车产业链上下游有效贯通，电池、电机、电控等核心技术基本实现自主可控，产业总体发展水平处于国际前列。核心部件动力电池占据了新能源汽车四成左右的制造成本，可谓"得电池者得天下"。在以锂离子动力电池为主的时代，宁德时代近期发布了钠离子电池，在快充、低温性能、系统集成效率以及安全性上比较突出。

<拓展阅读>

锂离子与钠离子电池

截至目前，锂离子电池已经广泛应用于手机、笔记本电脑、新能源汽车等需要储能的电子设备。从全球范围来看，锂资源分布极不均衡，约70%分布在南美洲，在地壳中的含量仅为0.0065%。尽管我国是全球第四大锂资源储量大国，但我国的锂资源位于高海拔地区，不仅开采条件艰难，也存在镁锂比很高，导致开采成本高的难题。这些困难促使我国80%的锂资源供应依赖进口，

1.工信部装备工业发展中心：《中国汽车产业发展年报2021》，2021年8月。

是全球第一大锂资源进口国。而原材料供应上的不确定性，导致电池安全存在严重隐患。生产锂离子电池，还要用到钴、镍这些稀有贵金属。目前钠离子电池的生产过程不会用到钴、镍这些稀有贵金属，并且钠资源在地壳中的储量极其丰富，达到2.75%，在全球分布均匀，开采成本低。但钠离子电池具有能量密度低、循环寿命短的硬伤，所以钠离子电池能否突围成为"黑马"，还需要时间和市场来验证。

绿色光伏助力"双碳"目标加速实现。我国光伏行业凭借着顽强的韧性，依然保持了稳中有进的发展态势。太阳能电池效率的提升、技术迭代升级和智能制造的推广共同推动了光伏发电成本大幅下降，2020年平均上网电价已降至0.35元/千瓦时，2021年有望全部实现平价上网。其中，太阳能电池界的新星——钙钛矿电池与光伏市场主流晶硅电池的组合，钙钛矿/晶硅叠层电池转换效率已经达到29.52%，超过单结晶硅电池的理论效率极限29.4%，这都为光伏发电进一步降低成本、稳步前行提供了有力保障。

封装测试已成为集成电路产业链中最具竞争力环节。集成电路产业链主要包括设计、制造和封装测试三个环节。制造领域涉及的技术难度要求较高，如需要高精度光刻机，而国内与国际的差距较大，短时间内很难超越。而封装测试环节技术要求相对较低，是我国重点突破领域，也是目前发展最完善的板块，技术能力与国际先进水平比较接近，其中长电科技、通富微电和华天科技已进入全球封装测试企业前十强。

三、制造业创新要素之战至关重要：知识产权、标准、人才和数据正为制造业创新发展贡献力量

（一）知识产权保护和运用体系是关键保障

保护技术成果知识产权就是保护创新、激励创新。中国制造业企业要想"走出去"和"走上去"，都离不开知识产权保护。知识产权作为科技成果向现实生产力转化的重要纽带，激励创新的关键保障作用更加突出。根据市场监管总局颁布的《市场监督管理严重违法失信名单管理办法》，自2021年9月1日起，有侵犯商业秘密、故意侵犯知识产权等恶劣行径的企业将被列入严重违法失信企业名单，这既是维护创新成果的体现，也能让个人或集体组织转变观念，主动创新。否则，市场竞争中一旦形成"靠窃取，走捷径"的不良风气，将会严重打击创新者的积极性。例如，某企业投入大量人力、物力、财力研发的新产品或新功能上市后，模仿者很快以低成本制造问世，进行恶性竞争。长此以往，会打消企业踏实做研发的积极性，造成行业技术的停滞不前，行业创新之花终将枯萎。

知识产权运用是技术创新价值实现的根本路径。用则活，运则通。"专利制度就是给天才之火浇上了利益之油"，而知识产权激发创新之火要想成燎原之势，就必须在知识产权运用上大下功夫。不少高校、科研院所的专利难以被发现、被应用，而不少中小企业难以获取所需的专利技术，专利运用的"两难"问题，导致越来越多的"沉睡专利"。改革知识产权分配权益，激发高校和科研院所专利转化动力；打造知识产权运用平台，使高校、科研院所和中小企业需求的知识产权之间建立良好对

接，让束之高阁的知识产权得到及时、合理、有效的产业化应用，平稳落地，转化为实际生产力，造福百姓，推动产业的实际进步。

| 知识链接 |

专利池

专利池，即Patent Pool，也可译为专利联盟、专利联营、专利集管、专利联合授权等，是专利的集合。就像我们要过河，可能我们公司有很多分散的石头，而其他公司也有很多分散的石头，当我们将几个公司的石头共同聚在一起时，可能摸索出一条通往彼岸的道路。专利池是很重要的法宝，在提高竞争优势的同时，能降低研发成本，加速科研成果转化落地。历史上的第一个专利联盟——缝纫机联盟出现于1856年的美国，而该专利池几乎囊括了美国当时所有缝纫机专利的持有人。美国对专利池的态度也是一波三折，经历了"放纵""遏制"和"善待"不同阶段。借鉴美国的经验，我国已经在布局专利池，力争积极促进技术发展和技术转移。

（二）国际和国内标准化体系是主要基础

用先进制造业技术标准倒逼中国制造高质量发展。标准就像一把尺子，量出产品的质量。国家标准、行业标准分为强制性标准和推荐性标准。坚守产品质量底线，让人民群众买得放心、用得省心、吃得安心。完善强制性标准，是评估产品"能不能用"的有效砝码；设置必要的技术门槛，将低端粗放的成果挡在门外，给产品迈向中高端加速。而推荐性标准则是引导产业升级，促进产品蜕变成"好不好用"的风向标。"三流企业做产品，二流企业做品牌，一流企业做标准。"谁能在行业中赢得标准，就赢得了行业的主导权。作为标准化的主体，企业标准可以高于行业标准，甚至可以高于国家标准、国际标准，这也是追求卓越的表现。当企业足够有底气，让其标准高于国际标准，走在创新的前沿，终将成为行业内的"佼佼者"。

| 知识链接 |

国际标准

国际标准是指国际标准化组织（ISO）、国际电工委员会（IEC）和国际电信联盟（ITU）制定的标准，以及国际标准化组织确认并公布的其他国际组织制定的标准。国际标准在世界范围内统一使用。在国际标准制定中，中国代表曾经是"3S"（Smiling、Silent、Sleeping）参会，如今，这一尴尬场景已成历史。中国正在强化国际标准制定过程中的存在感，与国际同行积极合作、加强沟通，贡献中国智慧，例如，华为主导了5G技术标准，我国主导的首个ISO铁路国际标准于2021年8月正式发布实施。

（三）制造业高层次人才是第一资源

软实力，硬实力，归根结底要靠制造业人才实力。自新中国成立后，经历几代人的努力，我国的制造业基本解决了"有没有"的问题，现在亟须解决"好不好"的问题。在解决制造业"好不好"的问题中，离不开技术、资金、信息等资源，但这些资源要想真正发挥作用，创造现实的生产力，都需要制造业高层次人才对其进行整合、组织和运用。"千军易得，一将难求。"人才是盘活上述资源的首要因素，发挥着决定性作用。缺失人才，资金、信息这些资源只是"一盘散沙"，翻不出什么浪花。当今世界，国家间的竞争是科技实力的竞争，说到底是高层次人才数量和质量的竞争。美国对华为芯片的禁令，对哈尔滨工业大学、哈尔滨工程大学禁止使用MATLAB软件等一系列想要扼住中国发展咽喉的行径，使我们深刻体会到了切肤之痛。形势逼人，挑战逼人，使命逼人。摆脱受制于人的局面，完成关键核心技术攻关是制造业真正走上高质量发展的必由之路，而这一定离不开一批具有工匠精神的制造业高层次人才。

| 知识链接 |

制造业人才

一提到人才，我们首先想到的就是"院士""杰青""优青"等荣誉称号的获得者，我们必须走出人才观念的误区，人才应该被赋予更广泛的含义。全国人才工作会议对人才标准做了进一步的论述，提出把实践作为衡量人才的主要标准：一是要有知识、有能力；二是能够进行创造性劳动；三是在政治、精神、物质三个文明建设中作出过贡献。根据人才的定义和制造业的特征，制造业人才可分为专业技术人才、高层次人才两类。而"制造"有两个主题，一是造什么？二是怎么造？高层次人才是研究造什么，推进我国制造技术创新和品牌价值实现，创造更多

"中国品牌"。专业技术人才是研究怎么造，进行业务指导、技术改进等工作，助力"中国品牌"的诞生。从"中国制造"转向"中国智造"，专业技术人才和高层次人才缺一不可。

（四）数据采集、应用和共享是重要支撑

数生万物，应用落地，摆脱"拷U盘"式共享。站在"十四五"开局之年，运用新一代数字信息技术（云计算、大数据、人工智能、5G、物联网等数字技术），对制造业的传统管理模式、业务模式、商业模式进行创新和重塑，从而实现数字化转型。但没有数据，很多事都难以解决。2015年，联合国曾提出变革世界的17个可持续发展目标，其中有41%处于"有方法、无数据"的状态。而现代采集技术可以在较短时间内产生海量工业数据，并以工业互联网平台为基础，应用新兴技术从大量数据中识别关联性，挖掘潜在价值，产生"科学神机妙算"的预判效应。得益于数据采集上的变革，数据应用在设备、企业和供应链等不同层级上发挥实效，使数据价值多方位绽放光彩。数据共享过程中，注意保护个人隐私甚至国家安全的同时，更要深耕内在价值，不断创新，构建起数据、计算、服务一体化的数据智能服务系统。

| 知识链接 |

数据要素

数据是对事实的记录和表示，就是用数字化的0和1来表达我们所身处的整个世界中发生的事实和事件。新制

度学派的领袖人物加尔布雷斯曾经说过，人类社会"最重要的生产要素"在经济中的重要性不断发生变化，在不同的社会和社会的不同时期，谁掌握了最重要的生产要素，谁就掌握了"权力"，谁就能在收入分配中获得更多的收益。现在我们已经进入了一个崭新的时代，从工业经济时代向数字经济时代迈进，数据逐渐成为土地、劳动力、资本和技术之外的第五个关键生产要素。2020年4月，《中共中央 国务院关于构建更加完善的要素市场化配置体制机制的意见》明确提出"加快培育数据要素市场"，把数据作为一种生产要素单独列出，反映了互联网大数据时代的新特征。

第 **6** 章

企业是制造强国之基

在全面建成小康社会、进而全面建设社会主义现代化国家的新征程中，我国民营经济只能壮大、不能弱化，不仅不能"离场"，而且要走向更加广阔的舞台。

　　——习近平总书记在民营企业座谈会上的讲话（2018年11月1日）

企业是维持国民经济运行的细胞，是建设制造强国的基石。作为企业群体中的佼佼者，龙头企业、"专精特新"中小企业和"隐形冠军"企业发展取得了长足进步，中国制造强国建设的比较优势日益凸显。近年来，我国入选《财富》世界500强榜单的龙头企业数量不断上升，制造业企业比重逐年增大，中美之间量的差距持续缩小。中小企业"专精特新"发展已成各界共识，"专精特新""小巨人"企业培育取得积极进展，政策红利持续释放。应对技术"卡脖子"问题，"隐形冠军"企业在增强产业链、供应链自主可控方面的作用进一步彰显。建设制造强国，势必要围绕工业"四基"大力培育"隐形冠军"，切实提高核心技术、关键零部件的攻坚克难能力。

一、龙头企业造就强国之脊

做大做强龙头企业是夯实推进制造强国的重要路径。党的十九大报告指出，促进我国产业迈向全球价值链中高端，培育若干世界级先进制造业集群。培育世界级先进制造业集群，在全球形成竞争优势，龙头企业的带动效应必不可少。龙头企业对大中小企业形成融通发展的新产业格局意义非凡，更是科技创新、引领产业高质量发展的主力军。

《财富》世界500强榜单是当前全球较为权威的世界级龙头企业名录。每年《财富》全球论坛都会发布世界500强企业排行榜，对各国龙头企业综合实力进行排名，这不仅反映了行业龙头企业的发展情况，体现国家间经济实力对比，也是企业用来判断自身实力和国际竞争力的重要标志。

（一）我国什么样的企业入选了世界500强

随着我国经济总量的稳步提升，世界500强榜单里的中国企业逐年增加。是什么样的企业可以获得世界500强称号的殊荣？我们将围绕企业性质、行业分布、地域分布三个方面去一探究竟。

| 知识链接 |

《财富》世界500强

《财富》世界500强排行榜的历史始于1955年，以各公司前一年的总营业收入为依据，对美国最大的500家工业企业进行排名。到1995年，《财富》杂志开始将目光投向更多行业，第一次发布同时涵盖工业企业和服务性企业的《财富》世界500强排行榜。时至2020年，《财富》杂志已连续26次发布这份全球大公司排行榜。

从《财富》世界500强的榜单中，人们可以了解全球龙头企业的最新发展趋势。通过纵向不同年份和横向不同行业的比较，人们既可以了解企业的兴衰，也可以了解公司营业收入、利润、销售收益率、净资产收益率等经营质量的变化。与此同时，这也可以在一定程度上体现各国龙头企业在全球经济市场中的竞争力和国家的综合经济实力。

国有企业是我国入驻世界500强的主力军。2020年我国入围世界500强的133家企业中，国有企业92家，民营企业30家，港澳台企业11家。2015—2020年我国上榜世界500

强企业中，国有企业数量先降后升，基本保持在85家左右；民营企业数量一直呈较好的增长趋势，在我国企业上榜总数量里的占比逐年增大；港澳台企业数量平均可达到11家。

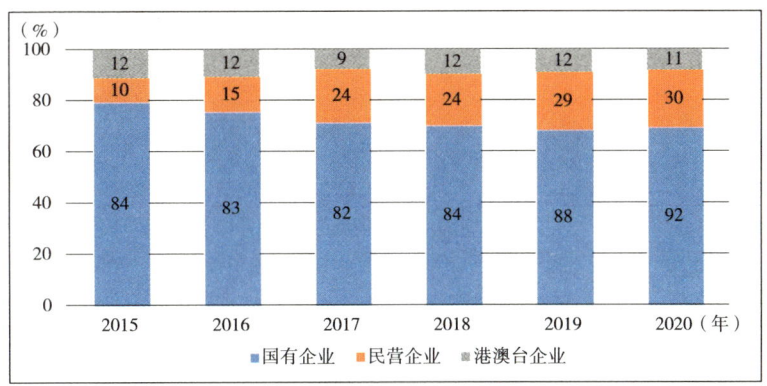

* 2015—2020年《财富》世界500强我国上榜企业性质变化。数据来源：赛迪智库根据《财富》世界500强排行榜数据整理

　　制造业企业是上榜主力军的王牌之师。2020年我国共133家企业上榜，主要分布在制造业、金融业、采矿业、批发和零售业等9大行业，其中制造业最多，共有45家上榜企业，占上榜企业总数的三分之一左右，制造业和金融业占上榜企业总数的一半以上。对比2009年我国上榜企业行业分布发现，11年间，9大行业上榜企业数量均实现成倍增长，其中制造业、金融业、批发和零售业的企业数量增幅均在3倍以上。相较于2019年制造业企业上榜数量的突出表现，2020年新增上榜企业的行业分布呈均匀趋势，建筑业，批发和零售业，信息传输、软件和信息技术服务业企业数量均有所增加，但上榜企业数量总量仍相对偏少。

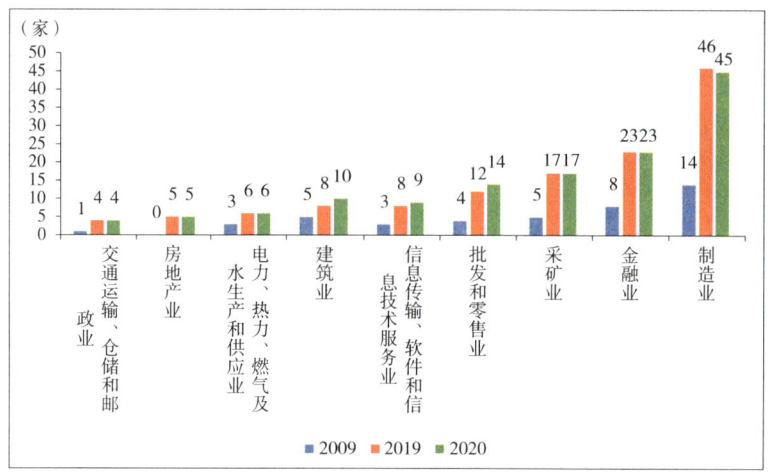

（家）

*　2009年、2019年与2020年我国《财富》世界500强上榜企业行业分布。数据来源：赛迪智库根据《财富》世界500强排行榜数据整理

　　华北地区盛产世界500强。除去台湾地区的9家企业，剩余124家大陆（含香港）企业大部分集中在我国华北地区[1]，其次分布在华东和华南地区。2015—2020年我国华北地区进入世界500强的企业数量遥遥领先于其他地区，上榜企业数量保持平稳，年均63家左右；华东、华南上榜企业数量不断增加，至2020年，华东、华南两地区上榜企业数量首次超过50家，接近我国上榜企业总数的40%（39.8%）。西北、华中、东北地区上榜企业数量与2019年保持一致，西南地区仍未实现零的突破。

1.华北地区包括北京、天津、山西、河北、内蒙古；华东地区包括上海、江苏、浙江、安徽、福建、江西、山东、台湾；华南地区包括广东、广西、海南、香港、澳门；西北地区包括陕西、甘肃、青海、宁夏、新疆；华中地区包括河南、湖北、湖南；东北地区包括黑龙江、吉林、辽宁；西南地区包括四川、贵州、云南、重庆、西藏。

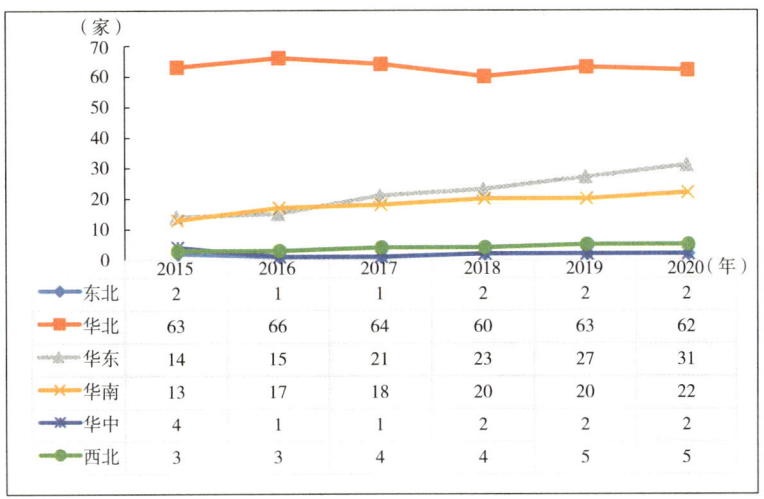

	2015	2016	2017	2018	2019	2020（年）
东北	2	1	1	2	2	2
华北	63	66	64	60	63	62
华东	14	15	21	23	27	31
华南	13	17	18	20	20	22
华中	4	1	1	2	2	2
西北	3	3	4	4	5	5

* 2015—2020年《财富》世界500强我国上榜企业地区分布。数据来源：赛迪智库根据《财富》世界500强排行榜数据整理

（二）中美世界500强企业哪家强

美国作为世界第一大经济体，其龙头企业在综合实力上处于世界顶尖行列，对比中美500强企业十分有意义，这有助于我们发现差距、正视差距、缩短差距。

我国上榜企业数量更多、增长更快。2020年，我国上榜企业数量实现历史性跨越，仅中国大陆上榜企业（含香港）就达到124家，超过美国上榜企业总数121家。加上台湾地区企业，我国共有133家公司上榜，上榜企业数量位列第一。2001年我国加入世界贸易组织，当年我国进入世界500强排行榜的企业为12家。2003—2013年，我国经济贸易快速发展，10年间我国上榜企业数量呈指数级增长。2013—2020年，我国上榜企业数量继续保持增长趋势。2019年，我国上榜企业数量达到129家，历史上首次超过美国（121家）。即使不计算台湾地区企业，中国大陆企业（包括香港）也达到119家。

<拓展阅读>

改革开放以来我国世界500强企业数量呈井喷式增长

改革开放以来，随着我国经济规模不断发展壮大，大企大厂数量不断增加。1997年，中国大陆只有3家企业进入世界500强；2001年，中国加入世界贸易组织，进入世界500强榜单的企业增至12家。2008年以来，我国企业在世界500强榜单中数量增长加速，依次超过德国、法国、英国和日本。2020年，我国大陆企业上榜数量超过美国，上榜企业数量位列第一。自1995年《财富》发布世界500强公司排行榜以来，再无任何一个别的国家或地区的企业数量能像中国一样迅速地增长。

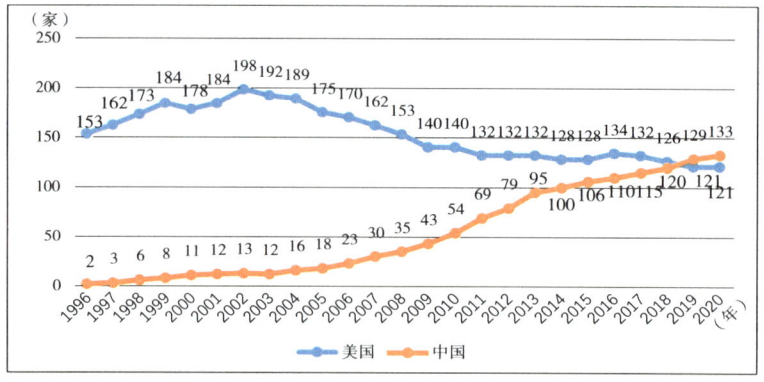

* 《财富》世界500强我国上榜企业数量增长情况。数据来源：赛迪智库根据《财富》世界500强排行榜数据整理。

美国上榜企业头部占比更高。世界500强前100名中，我国企业数为25家（占25.0%），美国为34家（占34.0%）；前200

名中，我国为51家（占25.5%），美国为60家（占30.0%）；前300名中，我国为77家（占25.7%），美国为82家（占27.3%）。前400名中，我国为102家（占25.5%），美国为109家（占27.3%）。我国上榜企业数量在各段中分布较为均匀，在400—500名中所占比例较高，达到23.3%。美国上榜企业数量主要分布在前400名，其中前100名企业数量占比最大，达到34.0%。沃尔玛连续七年成为全球最大公司，中国石化位列第二，国家电网上升至第三，中国石油位列第四，壳牌石油下降至第五。

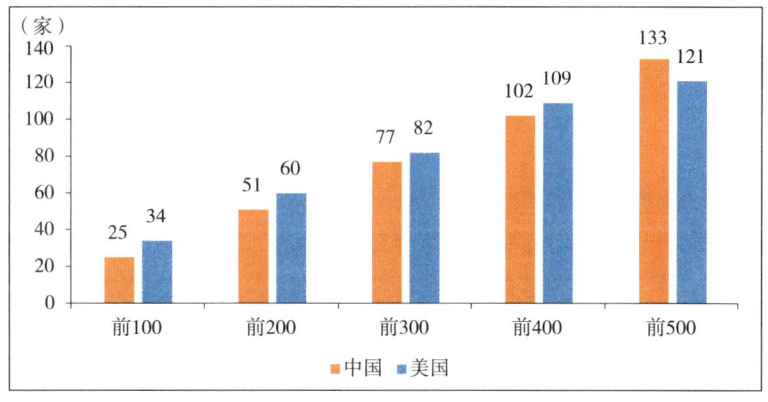

* 世界500强中美企业数量分段对比图。数据来源：赛迪智库根据《财富》世界500强排行榜数据整理。

细分行业美国企业分布更均衡。2020年，我国上榜企业主要分布在30个细分行业，集中在产业上游，重化工业、基础设施建设类企业数量多。与2019年相比，采矿、原油生产、能源、多元化金融、化学品类企业数量有所增长，银行、炼油、船务企业数量减少，新增批发保健类企业1家。美国则上下游行业分布较为均衡，涉及多达46个细分行业领域。我国上榜企业集中在金融、石化冶金等传统领域，新兴领域企业较少，特别是在计算机软件、信息技术服务、医疗等技术密集型高端新兴领域，均有美国企业上榜，我国则空白。

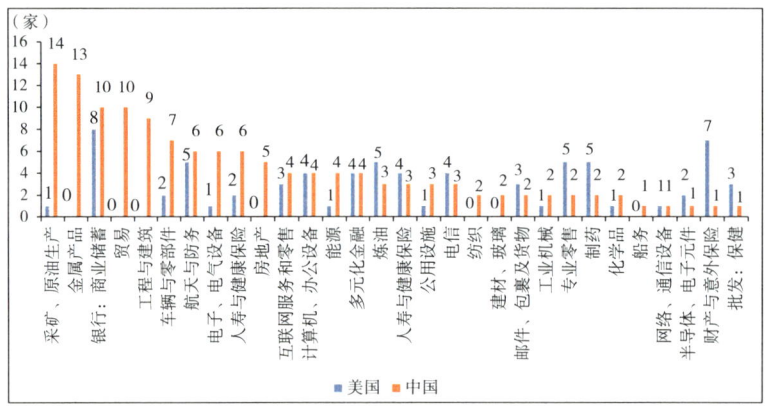

* 世界500强中美企业行业分布。数据来源：赛迪智库根据《财富》世界500强排行榜数据整理。

世界500强中美企业行业分布差异（我国该行业无企业上榜）

序号	细分行业	美国企业数量	序号	细分行业	美国企业数量
1	保健：保险和管理医保	5	13	批发：食品	1
2	保健：医疗设施	1	14	食品：消费产品	3
3	财产与意外保险（互助）	2	15	食品生产	4
4	服装	1	16	食品店和杂货店	4
5	管道运输	3	17	信息技术服务	1
6	航空	3	18	烟草	1
7	计算机软件	2	19	医疗器械和设备	1
8	家居、个人用品	1	20	饮料	1
9	建筑和农业机械	2	21	娱乐	1
10	科学、摄影和控制设备	1	22	综合商业	4
11	批发：电子、办公设备	2	23	其他	3
12	食品：饮食服务业	1			

* 数据来源：赛迪智库根据《财富》世界500强排行榜数据整理

营收规模和盈利能力美国上榜企业更强。一是我国上榜企业营业收入低于美国企业。2020年世界500强我国上榜企业平均营业收入为656.78亿美元，美国为810.44亿美元。与2019年相比，中美企业平均营业收入（我国为649.28亿美元，美国为777.06亿美元）均有所增加。2020年世界500强中美上榜企业平均营业收入差值为153.66亿美元，与2019年127.78亿美元相比，我国上榜企业平均营业收入涨幅低于美国。二是我国上榜企业利润低于美国企业。从平均利润看，我国企业平均利润为34.85亿美元，美国则为70.06亿美元；从平均销售利润率看，我国企业平均利润率为4.57%，美国为8.87%。在利润榜上，伯克希尔－哈撒韦以814亿美元的利润位列第二，苹果则退居第三。我国三大银行工、农、建继续位列利润榜前10位。微软公司利润同比暴增近137%，进入利润榜10强，位居第五。三是我国企业净资产收益率低于美国企业。我国上榜企业平均净资产收益率是2.00%，美国则高达4.93%。在净资产收益率榜上，美国劳氏公司跃升至首位；我国公司中排位靠前的是恒力集团、泰康保险、青山控股、碧桂园和中国人寿保险。

2019年与2020年世界500强中美企业盈利对比

年份	2019年		2020年	
国家	中国	美国	中国	美国
平均营业收入（亿美元）	649.28	777.06	656.78	810.44
平均利润（亿美元）	34.01	60.34	34.85	70.06
平均利润率（%）	5.24	7.77	4.57	8.87
平均净资产收益率（%）	9.90	15.00	2.00	4.93

* 数据来源：赛迪智库根据《财富》世界500强排行榜数据整理

（三）如何壮大我国世界500强龙头队伍

以培育新兴产业为活力源泉。一是推进制造业高质量发展，以突破产业发展瓶颈为导向，积极开展关键技术攻关，努力实现关键核心技术的自主可控。二是延伸创新协同产业链，进一步提高产业配套水平，推进新技术、新工艺等集成应用，增强产业集聚效应。三是推进信息技术与传统制造业深度融合，借助人工智能、物联网、新一代信息技术等赋能传统制造业，实现其技术、管理、商业模式等突破创新，推动传统制造业转型升级。

以畅通区域资源为重要抓手。一是建立健全跨地域协调机制，有力推动区域间产业、人才、技术、科研成果等资源要素流动。二是持续推进东北振兴、西部二次开发、中部崛起战略，加大对东北、西部、中部等地区技术人才引进与培育力度，完善"产学研"人才交流机制。三是积极推广并引入东南沿海等经济发达地区发展经验和模式，推动资源禀赋相似的产业集聚区开展跨区域产业协同，实现全区域协同发展。

|知识链接|

产学研

产学研即产业、学校、科研机构等相互配合，发挥各自优势，形成强大的研究、开发、生产一体化的先进系统，并在运行过程中体现出综合优势。产学研合作是指企业、科研院所和高等学校之间的合作，通常指以企业为技术需求方，与以科研院所或高等学校为技术供给方之间的合作，其实质是促进技术创新所需各种生产要素的有效组合。随着技术发展和创新形态演变，政府在创新平台搭建中的作用，用户在创新进程中的特殊地位进一步凸显，知识社会环境下的创新2.0形态正推动科技创新从"产学研"向"政产学研用"，再向"政用产学研"协同发展转变。

以提高企业品质为根本途径。一是以创新引领企业发展，努力使企业成为充满生机活力的创新主体，以创新驱动技术升级，以科技驱动企业竞争能力提升。二是大力弘扬工匠精神，以提升质量、创建品牌、改善服务、提高效益为目标，以市场为导向，积极调整产品和服务结构，以更好满足市场需求。三是鼓励企业全球布局，加强国际合作，不断提高企业产品与服务的全球供给水平和供给质量，引领企业走国际影响广、质量水平高、市场占有大的品牌路线。

二、"专精特新"锻造强国之体

（一）什么样的中小企业称为"专精特新"

"集中、独一"意为专，"细致、深入"意为精，"格外、突出"意为特，"初始、刚有"意为新。"专精特新"中小企业是指具有专业化、精细化、特色化、新颖化特征的中小企业。[1]"专精特新"中小企业的概念，深入结合了我国优秀传统思想，借鉴了国内外典型经验。我国成语典故"滴水石穿""庖丁解牛""翻空

1.《工业和信息化部关于促进中小企业"专精特新"发展的指导意见》（工信部企业〔2013〕264号）。

出奇""推陈出新"分别诠释了具有专、精、特、新品质方能成功的道理。我国的中华老字号、德国的精密仪器制造、意大利的奢侈品设计、日本的日化用品能够做大做强、经久不衰，依靠的是中小企业对"专精特新"日复一日地孜孜以求。

| 知识链接 |

"专精特新""小巨人"企业

工业和信息化部自2018年开展国家级"专精特新""小巨人"企业培育工作，并把"专精特新""小巨人"企业定义为"专精特新"中小企业的佼佼者，是专注细分市场、创新能力强、市场占有率高、掌握关键核心技术、质量效益优的排头兵企业。截至目前，工业和信息化部已开展了三批国家级"专精特新""小巨人"企业培育工作，已公示4762家企业为国家级"专精特新""小巨人"企业。

（二）为什么要发展"专精特新"中小企业

中小企业的韧性是我国经济韧性的重要基础，是保市场主体、保就业的主力军。"专精特新"中小企业则是其中的佼佼者，是提升产业链、供应链稳定性和竞争力的关键环节，是构建新发展格局的有力支撑。

激发创新活力的内在要求。我国中小企业直面市场激烈竞争，对市场需求反应灵敏，适应需求进行创新的愿望强烈，是创新的主力军和重要源泉。"专精特新"中小企业是中小企业群体中的先进代表和排头兵。大力发展"专精特新"中小企业是示范引领我国广大中小企业成长为创新发源地的内在要求。

产业链竞争力的重要保障。"专精特新"中小企业多数处于产业链的关键环节，对我国产业链供应链安全稳定起到强有力的助推作用。从产业生态来看，实现产业基础高级化和产业链现代化，不仅需要大企业带动，还需要大量专注于特定细分领域、细分产品的"专精特新"中小企业。大力发展"专精特新"中小企业，推动大中小企业深度融合、相互嵌入式发展，形成大中小企业协同共赢格局，有利于激发中小企业自主创新，增强中小企业核心竞争力，不断提高自身发展质量和水平，进一步推动我国增强产业链供应链竞争力。

应对国际竞争的迫切需求。当今世界科技进步日新月异，知识经济迅猛发展，经济全球化步伐明显加快，身处百年未有之大变局，国际社会对知识产权的争夺日益激烈。发达国家为了维护其既得利益，充分利用在专利控制和制度设计上的先发优势，这些国家的跨国企业借助知识产权巩固全球市场的垄断地位。如在半导体供应领域，据全球知名半导体市场研究公司 IC Insights 发布的"2020年全球半导体厂商销售排名"，排名前十的企业依次为：英特尔、三星、台积电、SK海力士、美光、高通、博通、英伟达、德州仪器、英飞凌，其中美国企业就有6家，占据全球半导体市场的大半江山。结合世界知识产权局发布的《2020年知识产权报告》，部分上榜企业在半导体领域的知识产权布局能力也十分强劲。而华为海思作为我国大陆半导体产业龙头已跌出榜单。为打破发达国家及其企业日益加强的技术垄断和控制，实现从产业链低端环节向高端环节跃升，应大力发展"专精特新"中小企业，有力发挥其创新源泉作用，推动我国不断提高知识产权布局能力，增强我国在高精尖技术领域国际竞争力，有力回应技术脱钩，积极应对国际挑战。

＜拓展阅读＞

中交兴路：致力于打造中国领先公路货运数智化科技平台

北京中交兴路信息科技有限公司（以下简称中交兴路）成功入选工业和信息化部第三批"专精特新""小巨人"企业。中交兴路构建了集成北斗车联、油品服务、车旺大卡等板块的全国领先物流科技与服务平台，在北京、重庆两地建成国家级车联网产业基地，已成为全球最大的商用车车联网平台。目前，中交兴路拥有的授权专利达到79项、计算机软件著作权达到102项，并获得卫星导航与定位科学技术奖一等奖、交通运输部"平安交通"特别推荐案例等155个货运行业重要奖项。

莱恩医药：实现开创"新时代、新技术、新策略、新健康"

广东莱恩医药研究院有限公司（以下简称莱恩医药）在2020年被认定为广东省"专精特新"中小企业，2021年进一步成功入选国家级"专精特新""小巨人"企业。莱恩医药作为华南地区药物非临床评价研究领域占据核心竞争优势的GLP龙头企业，拥有NMPA GLP全项（9项）认证资质、多种属实验动物国际AAALAC完全认证资质；拥有广东省新型研发机构、眼科学国家重点实验室、国家中药现代化工程技术研究中心等二十余个国家省部级科技平台和国际合作科技平台。在疫情期间全力为广东省的新冠药物与疫苗研究团队做好关键技术服务和支撑。

（三）怎么样发展好"专精特新"中小企业

构建梯度培育机制。围绕促进中小企业向"专精特新"发展，由低至高构建"专精特新"中小企业、"专精特新""小巨人"企业培育体系，并引导"专精特新""小巨人"企业向单项冠军企业、领航企业发展。以央地联动形式，开展国家级、省级、市级的"专精特新"中小企业梯度培育工作，鼓励各地建立优质企业储备库，把具有"专精特新"优势的中小企业及时收录入库，构建从捕捉寻找、孵化培育、成长扶持到推广壮大的梯度培育机制。

搭建公共服务平台。2021年1月，财政部、工业和信息化部联合开展了"专精特新"中小企业高质量发展公共服务示范平台评选工作，并辅以资金支持，带动1万家左右中小企业成长为国家级"专精特新""小巨人"企业。这些平台可为国家级"专精特新""小巨人"企业提供技术创新、上市辅导、创新成果转化与应用、数字化智能化改造、知识产权应用、上云用云及工业设计等服务，并重点对"小巨人"企业提供"点对点"服务，推动提升"专精特新""小巨人"企业数量和质量，助力制造业做实做强，提升产业链供应链稳定性和竞争力。此外，"国家中小企业政策信息互联网发布平台""全国中小企业融资服务平台""国家中小企业人才引进公共服务示范平台"等部委主管部门搭建的线上中小企业公共服务平台，与地方中小企业平台互动互联，积极发挥平台整合优质资源能力，切实解决中小企业发展过程中面临的政策信息难理解、科技成果难转化、高素质人才难引进、融资难融资贵等问题，引导中小企业向"专精特新"发展。

推动大中小企业协同。我国"十四五"规划纲要指出："发挥大企业引领支撑作用，支持创新型中小微企业成长为创新重要发源地，推动产业链上中下游、大中小企业融通创新。"国家主管部门大力推动大中小企业创新协同、紧密协作、相互嵌入式发展，开展"大中小企业融通发展三年行动"，支持打造"龙头企业＋孵化"的大中小企业融通型载体，促进提升资源配置质量与效率，培育更多"专精特新"和"小巨人"企业。地方政府积极响应国家号召，大力推动大中小企业协同，促进"专精特新"中小企业发展。以湖南省为例，在2021年7月举办的全国"专精特新"中小企业高峰论坛上，三一集团、中车株洲电力机车、湖南麒麟信安等产业链龙头与"专精特新"中小企业签订战略合作协议，升级打造"3+3+2"先进制造业集群，支持龙头企业引领"专精特新"中小企业固链、补链、强链。

缓解融资难融资贵。融资难融资贵是中小企业向"专精特新"发展中面临的核心问题之一。我国主管部门从加强融资担保体系建设、优化间接融资环境、加大直接融资支持三方面着力，引导各级政府性融资担保机构扩大对中小企业融资担保规模、降低担保费率水平。开展针对创新型中小企业的知识产权抵押以及证券化融资试点示范。鼓励地方加大对小升规、规改股、股上市企业的支持。在地方，为有效缓解该问题，以重庆市为例，推出"专精特新"中小企业专属信贷产品"专精特新信用贷"，为"专精特新"中小企业提供无抵押、纯信用、低利率融资服务。从省市级至国家级，"专精特新"中小企业的信用贷款额度不断提高。同时,"专精特新"中小企业还可获得加速审查、"一对一"专员、绿色通道等全方位的优先服务。此外,安徽、山西、黑龙江、江西等地,积极推动政银企对接,加大融资服务"专精特新"中小企业力度。

加强中小企业人才培养。优秀人才是中小企业向"专精特新"发展的重要资源。我国主管部门从加强企业家人才培养、加快培养高素质技能人才方面着手,大力开展"中小企业经营管理领军人才培训""企业微课",建设优秀企业家队伍,推动中小企业建立多层次、多渠道、多类别、多形式的专业技术人才梯队,为中小企业"专精特新"发展源源不断输送高质量人才。以山西省为例,为在"专精特新"中小企业中培育一批优秀企业家队伍,联合北京大学经济学院组织举办"北京大学山西省'专精特新'中小企业专题研修班",帮助中小企业家提高对企业战略与模式的把控能力,增强对股份制改造及股权融资的运用能力,强化管理创新和品牌建设,努力成为中小企业管理者典范。以广东省为例,推出中小企业人才免费培训计划,联合清华大学、浙江大学、中山大学等高校,开设数字化转型、创业创新、产业集群发展、精益生产、投融资等专题课程,着力提高中小企业管理者和技术人员的专业技能水平。

开展专家志愿服务。为中小企业大力开展专家志愿服务,是推动我国国民经济高质量发展、促进社会资源公平共享、实现优秀人才发光发热的重要举措。我国主管部门高度重视对中小企业开展专家志愿服务,工信部和民政部联合发文提出:"构建一支熟政策、精法律、懂技术、会管理、肯奉献、乐助企的高水平专家志愿服务队伍,为中小企业无偿提供政策、法律、金融、管理、技术、创新创业等方面的咨询和个性化解决方案。"以重庆市为例，大力开展"专家服务区县行"，举办公益活动30余场，参与专家百余人，面对面服务中小企业500余家。此外，在黔江、合川、丰都等城区设立中小企业公共服务窗口平台，及时解决中小企业"专精特新"发展过程中面临的融资对接、转型升级、知识产权等方面的问题。以浙江省为例，依托"浙江省中小企业公共服务平台"，为帮助中小企业有效解决发展过程中遇到的债券债务纠纷、合同纠纷、人事纠纷等法律问题，联合浙江省法学会中小企业法学研究会组织设立了"浙江省企业综合平台线上律师团"，以直接电话对接律师的形式，为中小企业提供公益性法律咨询服务。

| 知识链接 |

发展"专精特新"中小企业的政策梳理

2011年9月23日，工业和信息化部印发《"十二五"中小企业成长规划》指出："坚持'专精特新'。将'专精特新'发展方向作为中小企业转型升级、转变发展方式的重要途径，引导中小企业优化生产要素配置，促进中小企业集聚发展，形成一批'小而优''小而强'的企业，推动中小企业和大企业协调发展。"

2012年4月26日，《国务院关于进一步支持小型微型企业健康发展的意见》指出："鼓励小型微型企业发展现代服务业、战略性新兴产业、现代农业和文化产业，走'专精特新'和与大企业协作配套发展的道路，加快从要素驱动向创新驱动的转变。"

2013年7月16日，《工业和信息化部关于促进中小企业"专精特新"发展的指导意见》指出："加强对'专精特新'中小企业的培育和支持，促进中小企业走专业化、精细化、特色化、新颖化发展之路，不断提高发展质量和水平，增强核心竞争力。"

2016年7月5日，工业和信息化部印发《促进中小企业发展规划（2016—2020年）》指出："培育一大批主营业务突出、竞争力强的'专精特新'中小企业。"

2019年8月26日，习近平总书记主持召开中央财经委员会第五次会议，会议强调："要发挥企业家精神和工匠精神，培育一批'专精特新'中小企业。"

2020年7月24日，工业和信息化部联合17个部门印发《关于健全支持中小企业发展制度的若干意见》指出："完善支持中小企业'专精特新'发展机制。健全'专精特新'中小企业、专精特新'小巨人'企业和制造业单项冠军企业梯度培育体系、标准体系和评价机制，引导中小企业走'专精特新'之路。"

2021年1月23日，财政部联合工业和信息化部印发《关于支持"专精特新"中小企业高质量发展的通知》指出："通过中央财政资金引导，促进上下联动，将培育中小企业与做强产业相结合，加快培育一批专注于细分市场、聚焦主业、创新能力强、成长性好的专精特新'小巨人'企业，推动提升专精特新'小巨人'企业数量和质量，助力实体经济特别是制造业做实做强做优，提升产业链供应链稳定性和竞争力。"

2021年3月12日，《中华人民共和国国民经济和社会发展第十四个五年规划和二○三五年远景目标纲要》指出："推动中小企业提升专业化优势，培育专精特新'小巨人'企业和制造业单项冠军企业。"

三、"隐形冠军"塑造强国之魂

（一）什么样的企业称为"隐形冠军"企业

道隐无名工匠魂，精雕细琢鲁班传。"隐，藏也、蔽也、匿也。""隐形"，意指隐没形体。"冠军"，谓列于诸军之首，勇则冠军，威能震敌。何谓"隐形冠军"？著名管理学家赫尔曼·西蒙教授提出，"隐形冠军是在制造业领域掌握了核心技术、关键部件或特殊材料，在其产品领域的国际市场份额中占据统治地位，但社会知名度却相对较低的中小型企业"。所谓"隐形"，即指企业的主要产品"隐形"于终端产品内部，一般不与消费者直接接触，但对终端产品生产具有决定性作用；"冠军"表明企业在全球范围内某一细分市场中的市场地位和技术领先程度位居前列。西蒙认为，"隐形冠军"企业需同时满足三个条件：产品细分领域全球排名前三或所在大洲第一、销售收入低于50亿美元、不为公众所熟知。一方面，敢为人先，艺高胆大。"隐形冠军"的研发投入水平普遍较高、自主创新能力强，研发经费投入和专利数量均处于同行业国际领先公司水平；术业专攻，高山仰止。绝大多数"隐形冠军"企业集中在工业制造业领域，尤其是机械、电子、化工、能源、医疗设备等B2B类型的行业，它们掌握核心技术，供应关键部件或特殊材料，对终端产品生产具有决定性作用，在产业链内部拥有绝对话语权。另一方面，锐意进取，精益求精。"隐形冠军"企业致力于走专业化和全球化道路，较少参与低成本竞争，而是瞄准尖端技术和未来需求，致力于在技术、质量和标准制定等方面引领市场，同时积极在全球各目标市场设立子公司，向世界市场进军。

（二）培育"隐形冠军"企业有何重要意义

精益求精技艺绝，勇毅笃行为家国。培育"隐形冠军"企业，兹事体大，对建设制造强国具有重要意义。其一，"隐形冠军"企业是供给侧结构性改革的生力军。"隐形冠军"企业，将引领一批拥有自主核心技术、发展成长性强、代表未来方向的新兴产业快速发展，增强创新力、培育新动能，为深化供给侧结构性改革注入新生动力。其二，"隐形冠军"企业是国家创新体系的重要组成部分。"隐形冠军"企业立足产业细分领域、面向直接市场需求进行前沿技术突破和商业化应用，与行业龙头企业、公共科研机构形成分工、互补的关系，有助于将技术要素配置到产业发展的各条毛细血管中，保障创新体系的整体运行效率。其三，"隐形冠军"企业是制造业转型升级的新标杆。培育"隐形冠军"企业，将实现大量核心技术的突破、积累，有助于国家掌握竞争和发展的主动权，从根本上保障国家产业安全和经济安全。

（三）"隐形冠军"培育工作开展现状如何

嘉谋善政引明路，轻舟已过万重山。明者因时而变，知者随事而制。2016年3月，工业和信息化部发布了《制造业单项冠军企业培育提升专项行动实施方案》，将培育对象分为示范企业和培育企业两个梯次，实行动态管理，支持入选企业优先申报相关国家项目，开展经验总结和示范推广。其中，对示范企业的评选标准较为严格，要求单项产品市场占有率居全球前3位，特定细分产品销售收入占企业全部业务收入比重在70%以上，从事相关业务领域时间达到10年或以上。截至2020年底，已认定5批单项冠军示范（培育）企业，其中示范企业共347家。

因势利导，各地也高度重视"隐形冠军"培育工作，湖北、浙江、江苏、山东等省相继发布培育政策，将"隐形冠军"企业培育作为加快制造业转型升级的重要手段。浙江自2016年起就启动省级"隐形冠军"企业遴选工作，开展"雏鹰行动"，梯度培育"专精特新"中小企业，打造"隐形冠军"企业。截至目前，共评出206家省级"隐形冠军"企业。2020年度，浙江"隐形冠军"企业评选标准明确在综合效益、专业化程度和创新研发等方面提出自己的"硬门槛"。综合效益指标要求2019年度企业营业收入在5000万元至20亿元，且近3年净利润平均增长率达到10%。专业化程度指标要求企业从事特定细分市场时间达到5年及以上，且细分市场占有率位于全国前5位或全省前3位，以出口为主的产品市场占有率位于全球前10位。创新研发指标要求2019年度企业研发经费支出占营业收入的比重不得低于3%。

宁波更是"隐形冠军"培育的佼佼者，2020年净增12家国家制造业单项冠军企业，并以总数45家连续3年位列全国第一。放眼全国，制造业基础厚实的地方不少，宁波为何屡屡折桂？花木成畦手自栽。宁波有扎实的产业基础，海量的制造业主体，形成了孕育冠军的沃土，长出一群身怀绝技而又爱"钻牛角尖"的"扫地僧"便不足为奇。这些"扫地僧"虽然产品千差万别，但都有着深耕细作、专注创新、止于至善的工匠精神。以宁波博德高科股份有限公司为例，其创建15年来始终专注于切割丝领域，凭借一根直径仅0.015毫米的微米级"镀层切割丝"，决定了全世界精密加工的精度，成为高端镀层切割丝领域的佼佼者，抢占了30%的市场份额，牢牢锁定全球第一的宝座。目前，宁波制造业单项冠军企业培育库中的384家企业里，市场占有率居全球前三的企业达133家，市场占有率居全国第一的企业有198家。

| 知识链接 |

我国"隐形冠军"企业风采

连续两年获制造业单项冠军的瑞声科技，是苹果在中国最大的零部件供货商之一，毛利率曾高达44.2%，为整个苹果产业链中最高。该企业连续多年投入研发的经费超过营收的7.5%，目前在微型声学、光学、触控、超精密元件等细分领域均做到全球市场占有率第一，在全球旗舰智能手机声学解决方案市场占有率超过90%，15年来营业收入保持每年30%以上的增长速度。

——2019年制造业单项冠军经验交流会公布数据

世界主要国家"隐形冠军"企业数量

截至2019年，全球共有2734家"隐形冠军"企业，德国以1307家雄踞榜首，占总数的47.8%，美、日分别以366家和220家位列第二、第三位，中国共有92家"隐形冠军"企业，暂居第四。我国"隐形冠军"企业数量虽与德国相差较大，但近几年发展速度加快，相较于2014年的68家增加了近35%，发展潜力强劲。

——2019年中德"隐形冠军"峰会公开发布数据

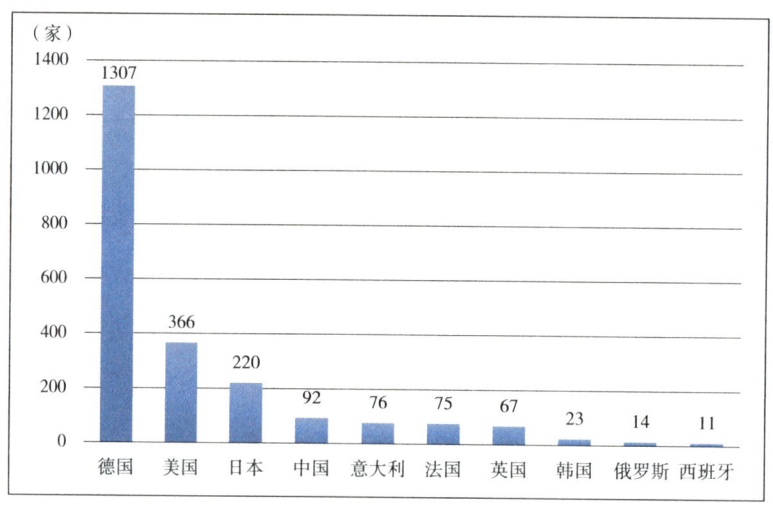

* 世界主要国家"隐形冠军"企业数量。数据来源：赛迪智库根据2019年中德"隐形冠军"峰会公开发布数据整理

（四）怎样进一步完善"隐形冠军"企业培育工作

枭将东徙溯本源，蹄疾步稳绘新篇。既急蹄乃需徐步，在未来"隐形冠军"企业培育工作的开展过程中，相关部门应追本溯源，直面难点与瓶颈，从以下方面进一步完善培育思路与策略：

一是引导企业做专做精，推进奖补减负。良工锻炼凡几年，铸得宝剑名龙泉。应引导企业走好"专精特新"发展道路，支持中小企业长期专注并深耕于产业链中某个环节或某类产品，对接国际标准提高产品质量，打造具有市场影响力的品牌。减轻企业成本、化解过剩产能，破除体制机制障碍、优化营商环境，构建科学的"隐形冠军"评价体系，制定合理的评审标准和奖补政策。

二是推进企业协同创新，培育成长沃土。单丝不成线，独木不成林。要构建新型产学研合作机制，打造创新"生态圈"，鼓励中小企业围绕制造强国建设重点领域，打造产学研合作新模式；搭建互联网"双创"平台，引导大企业与"隐形冠军"中小企业对接。将"隐形冠军"企业培育列入"双创"示范基地考核，鼓励大中小企业协同创新、融通发展。

三是引导企业全球发展，深耕国际市场。欲粟者务时，欲治者因势。当前，全球化的时代潮流不可逆转，要引导"隐形冠军"企业紧跟大势、与时俱进，走全球化发展道路；要积极搭建公共服务平台，为"隐形冠军"企业提供专业化服务，帮助其了解国际经贸管理知识、通晓国际企业管理体系、制定国际化战略；支持企业吸引熟悉国际市场规律和国际贸易法则的国际化人才，提升企业国际化经营能力。

四是培养专业高质人才，加大人才供给。得人者兴，失人者崩。要支持应用技术型大学与企业联合培养技能型和研发型人才，加大"隐形冠军"企业的人才供给；要加强对工匠精神、原创精神的培养，提高劳动者的基本素质；加强职业技术人员培养和再教育，鼓励事业单位人员、高校教职工等到中小企业挂职或参与技术咨询或项目合作，积极引进、培育新型企业家和高层次科技人才。

　　五是加强质量品牌建设，培育发展动能。术达极致近于道，专注走心匠人情。要大力弘扬工匠精神，全面提升质量水平。引导企业实施精益化管理，聚焦产业链配套和支撑环节，做专做精产品；推动实施品牌战略，提升品牌价值和海外影响力，重点培育知名品牌，引导企业抱团出海主动参与国际竞争；加快新技术、新模式与传统制造业深度融合，培育企业质量和品牌竞争新优势。

第 **7** 章

两化融合是制造强国之魂

我们要把握数字化、网络化、智能化融合发展的契机，以信息化、智能化为杠杆培育新动能。要突出先导性和支柱性，优先培育和大力发展一批战略性新兴产业集群，构建产业体系新支柱。要推进互联网、大数据、人工智能同实体经济深度融合，做大做强数字经济。要以智能制造为主攻方向推动产业技术变革和优化升级，推动制造业产业模式和企业形态根本性转变，以"鼎新"带动"革故"，以增量带动存量，促进我国产业迈向全球价值链中高端。

　　——习近平总书记在中国科学院第十九次院士大会、中国工程院第十四次院士大会上的讲话（2018年5月28日）

制造业是国民经济的主体，也是转变经济发展方式、调整优化产业结构的主战场。两化融合是中国特色新型工业化道路的集中体现，更是推进制造强国建设的重要引擎，对实现中华民族伟大复兴的中国梦具有十分重要的意义。当前阶段，两化融合不断深入工业体系各个领域，"以工业设备上云为切入点＋以新模式应用为增长点＋以行业数字化转型为关键点"的落地路径日益清晰。

一、工业设备上云是两化融合的切入点

2020年12月15日凌晨，夜深人静下的北京清寒刺骨，国贸新地标"中国尊"南侧的工地却热火朝天，在CBD核心区六工区施工现场，基建设备轰鸣。100多公里外的雄安新区工地上，塔吊林立、灯火通明，诸多履带起重机、混凝土泵车和

＊ 树根互联开发的"挖掘机指数"

挖掘机，正忙碌作业。千里之外的湘江之畔，三一重工"18号厂房"的大屏幕上，实时滚动着遍布全国的40多万台挖掘机、吊装设备、混凝土机械等设备的大数据，设备每挥动一铲、移动一步都有迹可查。

借助工程机械车联网系统，在工地运行的每一个工程机械设备的状态数据都能汇聚到三一重工，管理者可以直观了解每台设备的位置、故障、运行时间等信息。基于工程机械上云，三一重工创立的"挖掘机指数"，已经成为反映中国经济活力的指数地图的重要数据来源。当前，工业设备广泛分布在我国工业体系的各个生产环节，但也存在资源浪费、产能闲置等问题，严重影响我国工业体系提质增效升级。推动工业设备上云，有利于加速各类生产要素的数字化改造，带动经济社会各类资源的平台化汇聚、网络化集成和开放化共享，支撑开展各类新型应用服务的探索应用。

（一）高耗能设备：从环保粗放到节能降耗

"大烟囱"曾经是全国各地产业发展状况良好的关键特征。我国工业体系中的高耗能设备主要包括炼铁高炉、工业锅炉、石化设备等，在实际运行过程中能源消耗巨大、污染排放严重、环保水平有待提升。据工信部节能与综合利用司统计，2020年我国钢铁行业能源消耗占全社会能源消耗总量超过13%，而其中炼铁高炉能耗约占整个行业的70%。由此可见，降低高耗能设备的能耗水平十分有必要。推动高耗能设备上云，基于工业互联网平台对高耗能设备开展实时监测、工艺优化等服务，是提高设备能源利用效率、减少污染物排放的有效渠道。

炼铁高炉：针对炼铁高炉面临的设备管理低效、环保管理粗放、工艺知识高度隐性和设备互联水平低等痛点问题，以东方国信、北京智冶互联、宝信软件等为代表的解决方案企业积极推动炼铁高炉上云，并开展高炉故障诊断、高炉绿色生产、生产工艺优化和生产线协同管控等新型应用服务，有效提升炼铁高炉运行效率和能源利用效率。

| 知识链接 |

炼铁高炉

炼铁高炉是应用焦炭（煤粉）、含铁矿石（天然富块矿及烧结矿和球团矿）、熔剂（石灰石、白云石）以及高温热风连续生产液态生铁的竖式反应器。炼铁高炉本体自上而下一般分为炉喉、炉身、炉腰、炉腹、炉缸5部分。

比如，在炼铁产线协同管控方面，宝信软件基于工业互联网平台，依托中国宝武大数据中心，建设高炉互联智控平台，通过宝武集团内大跨域广连接多高炉信息链、资产链、价值链的全景展示和融合应用，实现集团内40座在役运行高炉（3000m^{3}以上高炉数量占全国40%，服务高炉的生铁产量占全国11%、占世界7%）的生产数据互联互通、数据汇集、远程监视、智能对标、高炉画像（竞争力评价）、数据挖掘和生产优化，有效支撑宝武集团各个基地炼铁一体化协同运作。

工业锅炉：针对工业锅炉面临的能效管理粗放、燃烧状态不透明、安全隐患高和水质波动大等痛点问题，以东方国信、和利时等为代表的解决方案企业积极推动工业锅炉上云，并开展锅炉能效管理、锅炉燃烧管控、锅炉健康管理和水处理优化等新型应用服务，全面优化工业锅炉运行方式，提升工业锅炉运行效率。

比如，在工业锅炉能效管理方面，东方国信的锅炉云平台，通过机理模型和大数据分析算法，优化 NO_x 排放指标，实现脱硝效率的最大化和经济效益的最大化，解决负荷波动时的锅炉燃烧稳定性，减少负荷波动，实现 NO_x 排放达标率超过99%，燃料消耗量降低8%—12%。

石化设备：针对石化设备面临的设备能耗高、安全风险高、停机损失大和运维难度大等痛点问题，以石化盈科、阿里云等为代表的解决方案企业积极推动石油化工设备上云，并开展设备节能降耗、设备安全预警、设备预测维护和设备模拟操作等新型应用服务，有效提升石油化工设备的能源利用效率和运营维护效率。

比如，在石化设备安全预警方面，大连恒力石化基于工业互联云平台对PTA装置压缩机组、高危泵等重要设备进行智能监测，通过实时采集设备的振动与关联的工艺数据、边缘计算，构建设备机理与自学习模型，实现对设备健康实时计算分析、故障预警、自动诊断，设备安全预警准确率95%以上，有效确保设备安全。

（二）高通用设备：从事后运维到精准运维

我国工业体系中的高通用设备主要包括柴油发动机、大中型电机和大型空压机等，在实际运行中面临着故障多发、运维困难等问题，有待进一步提升设备运维效率。据估算，我国电机能效每提高 1 个百分点，每年可节约用电 260 多亿千瓦时，相当于 2020 年三峡水电站发电量的 23%，优化改善的空间巨大。通过推动高通用设备上云，基于工业互联网平台对高通设备开展运行监测、故障预警、预测性维护等服务，是保障设备安全、可靠、稳定、高效运行的有效手段。

柴油发动机：针对柴油发动机面临的产品研发周期长、设备服役工况复杂、设备故障率较高等痛点问题，以潍柴、福田康明斯等为代表的行业领先企业积极推动柴油发动机上云，并开展智能研发、在线管理、预测性维护等新型应用服务，有效缩短柴油发动机研发周期，减少柴油发动机故障时间。

比如，在柴油发动机在线管理方面，广柴通过跟树根互联合作，在船用发动机上安装物联盒，读取出柴油机上监控系统的运行参数并上传至云端，用电脑或手机实时获取每一台柴油机的功率、实时运行的转速、定位等参数，掌握航行在海洋深处的船舶发动机真实的运行情况，降低约 30% 的设备管理成本，缩短 20% 左右的设备管理反应时间。

大中型电机：针对大中型电机面临的设备利用效率低、设备维护成本高、安全风险大和设备能耗成本高等痛点问题，以上海电科电机科技有限公司、中科森尼瑞、山东产研智能电机研究院、紫光云引擎等为代表的解决方案企业积极推动大中型电机上云，并开展电机设备托管、电机状态监测、电机故障预警、电机智能运维和电机能效优化等新型应用服务，降低大中型电机能耗水平，提升大中型电机精准运维效率。

比如，在大中型电机智能运维方面，上海电机系统节能工程技术研究中心有限公司，利用电机运行工业机理和行业协会核心资源，开发了电机系统远程运维服务云平台，累计与全国150余家大中型电机企业开展合作，行业覆盖率超过25%，服务终端用户超过3000家。基于电机运行数据上云，可将采集的电机运行数据和机理模型等相结合，在状态评估、故障诊断、预测运维等环节助力电机企业实现售后费用下降的经济目标及产品优化的研发目标。某大型电机企业在与该平台合作之后，当年即节约成本200余万元，售后服务效率提高了30%以上，平均售后服务成本下降20%以上。

大型空压机：针对大型空压机面临的运行监控及时性弱、设备能耗管理粗放、运营服务效率不高和产业协同有待提升等痛点问题，以东方国信、树根互联、奥立信等为代表的解决方案企业积极推动大型空压机上云，并开展运维管控、设备节能优化、后服务市场运维和产业链协同等新型应用服务，降低大型空压机运行成本，提高大型空压机运维效率。

| 知识链接 |

空压机

空压机，一般指空气压缩机，是气源装置中的主体，它是将原动机（通常是电动机）的机械能转换为气体压力能的装置，是压缩空气的气压发生装置。空气压缩机按工作原理可以分为容积式压缩机和速度式压缩机。

比如，在大型空压机节能优化方面，江苏奥立信数字科技有限公司"空压在线"系统，通过状态感知、实时分析、科学决策、精准执行等策略实现大型空压站的健康运行和节能优化。

据空压机上云前后的实时单耗及故障对比，客户平均节能率达12.3%，最高节能率达25.3%，计划外故障减少52.5%，维护和服务成本降低16.7%，设备完好率提升5.7%。

（三）高价值设备：从价值单一到效益提升

我国工业体系中的高价值设备主要包括工程机械、数控机床等，在实际运行中主要存在产能未能充分利用、商业模式较为单一等问题，有待拓展价值创造渠道。据中国工程机械工业协会统计资料显示，2020年我国挖掘机、汽车起重机、履带起重机、机动工业车辆、升降作业平台等工程机械主要产品销售量分别增长39%、26.1%、43.4%、31.5%、35.1%，提高了工程机械的保有量，增强设备效益提升的改造需求。通过推动高价值设备上云，基于平台开展设备资产管理、健康监测、运营优化、能力交易、安全操作等服务，是培育网络化协同制造、供应链金融、设备融资租赁等新模式的有效手段。

工程机械：针对工程机械面临的设备故障情况多发、施工效率低、设备管理体系粗放和金融体系不完善等痛点问题，以徐工汉云、树根互联、中联重科等为代表的解决方案企业积极推动工程机械上云，并开展设备预测性维护、智慧施工、在线管控和融资租赁等新型应用服务，全面优化工程机械运维方式，提高工程机械施工效率。

比如，在工程机械预测性维护方面，徐工汉云提出了基于AI的高端装备预测性解决方案，通过智能终端将起重机、挖掘机、压路机、装载机等工程机械车辆连接到汉云工业互联网平台，利用物联网技术全面采集设备数据以及业务流程数据，根据机理模型和AI技术深度挖掘实时设备状态数据，提供了监测、预警、诊断、预测等四位一体的设备预测性维修整体解决方案，帮助50余家企业实现故障预警、降低维护成本、提高设备利用率。

数控机床：针对数控机床面临的设备运维成本较高、设备利用效率较低、生产管理及时性差和设备改造升级困难等痛点问题，以树根互联、工业富联、智能云科、浪潮云等为代表的解决方案企业积极推动数控机床上云，并开展健康管理、智能运维、刀具管理、生产能力共享和备件管理等新型应用服务，充分发挥数控机床生产能力，提高数控机床使用效率。

比如，在数控机床刀具管理方面，富士康基于深度学习建立的刀具寿命智能预测模型，实现了从计件换刀到精准换刀的转变，使刀具故障的即时判定准确率达93%，刀具寿命预计延长15%，刀具成本预计减少15%，稼动率提升超过90%，产品良率提升30%，材料成本节省约10%，生产效率提高15%。

* 徐工汉云基于工业互联网平台实现工程机械上云

| 知识链接 |

稼动率

"稼动率"英文称作activation或utilization，是指设备在所能提供的时间与为了创造价值而占用的时间所占的比重，计算方法为：稼动率＝稼动时间/负荷时间。其中稼动时间为实际生产物品的时间。

（四）新能源设备：从能源浪费到高效发电

我国工业体系中的新能源设备主要包括风电、光伏等，在风力发电和太阳能发电等实际发电过程中存在能源浪费严重、并网协调困难等问题，有待进一步提升发电效率。据统计，截至2020年底，我国风电累计装机容量已达2.81亿千瓦，规模居世界首位，弃风电量和弃风率仍有较大优化空间。通过推动新能源设备上云，基于工业互联网平台对新能源设备开展发电功率预测、调度优化等服务，提高风能、太阳能等能源利用效率，是优化发电效率、降低发电成本的有效手段。

| 知识链接 |

风力发电

风力发电是指把风的动能转变成机械能，再把机械能转化为电力动能的过程。风是一种潜力很大的新能源，据估计，地球上可用来发电的风力资源约有100亿千瓦，几乎是全世界水力发电量的10倍。全世界每年燃烧煤所获得的能量，只有风力在一年内所提供能量的三分之一。因此，国内外都很重视利用风力来发电，开发新能源。

风电设备：针对风电设备面临的风电数据质量不一、设备运维成本高昂、风场综合管理困难等痛点问题，以金风科技、远景智能等为代表的解决方案企业积极推动风电设备上云，并开展虚拟风场设计、设备预测维护、风场管理优化等新型应用服务，优化风电设备管理模式，提高发电效率。

比如，在风场管理优化方面，远景智能"孔明"功率预测系统，融合机理模型与机器学习模型，内置30多种算法提供各种置信区间分布的概率预测，并基于历史表现自动推荐最优预测，帮助发电企业功率预测精度提升5%。

光伏设备：针对光伏设备面临的设备运维效率低、能源利用率不充分、运行监控困难等痛点问题，以国网电商、华为、中能融合等为代表的解决方案企业积极推动数控机床上云，并开展全景式监控、智能化分析、智能运维等新型应用服务，有效优化光伏设备运维方式，实现高效发电。

比如，在光伏设备全景式监控方面，国网电商公司基于大数据、区块链、云计算等新一代信息技术，打造全国光伏扶贫信息监测中心，实现8.2万座村级光伏扶贫电站实时数据采集接入工作，22万座光伏扶贫电站电网关口侧数据全贯通，形成数据融合、业务联动、运监一体的光伏扶贫长效管理模式，有效解决了光伏扶贫监测管控难、运维成本高、运维成效低等实际问题。全国各省运维企业在应用全国光伏扶贫信息监测中心系统对扶贫电站进行监控运维巡检之后，在线完成2万个运维工单，电站平均发电能力提高8.24%，设备故障率降低至2%以下。

* 某个地面光伏发电站整齐排列在田地间

二、新模式应用是两化融合的增长点

空荡荡的仓库四下无人，只听见传送带在轰隆隆地运作，几百斤重的冰箱、洗衣机被无人搬运叉车轻轻地放在整齐的货架上，等待发往世界各地。

* 海尔集团某工厂的无人仓库

这不是电影里的片段，而是真实发生在海尔集团的一个无人仓库中。随着互联网、大数据、人工智能等新一代信息技术与制造业深度融合，涌现出了平台化设计、数字化管理、智能化制造、个性化定制、网络化协同、服务化延伸六大制造业新模式。加速培育新模式有利于企业抢抓技术变革和产业升级新机遇，充分发挥数字新基建基础支撑作用，为制造业高质量发展提供有力支撑。

（一）平台化设计：从线性设计到协同生态

平台化设计不是个新概念，早在1908年福特第一款大规模生产的车型T型车上市几年后，福特就在T型车的平台上衍生出了皮卡车型。现如今，旧概念被赋予了新内涵，平台化设计不仅仅是生产规模化的标志，更是产业协同生态的新高度。

* 福特T型车生产线

传统制造业产品研发模式是基于工业软件在内部完成，不同企业间存在设计数据壁垒，上下游产业链存在设计知识孤岛。在平台化设计模式中，企业基于工业互联网平台汇聚人员、算法、模型、任务等研发设计资源，加快工业机理沉淀、设计知识复用、仿真设计工具创新，实现并行、敏捷、交互和模块化设计，提高研发质量和研发效率，缩短研发周期。

平台化设计的典型应用场景主要包括并行设计、敏捷设计、交互设计。企业基于工业互联网平台整合研发要素，在云端构建标准化、协同化的设计环境，结合数字化仿真、数字孪生等设计工具与大数据、人机交互等信息技术，实现多方设计主体的并行联动、基于设计反馈的敏捷反应、设计人员与研发产品间的动态交互。

| 知识链接 |

人机交互

人机交互是指系统与用户的交流互动，系统可以是各种机器，也可以是计算机化的系统和软件。手机的智能语音助手、商场的引导机器人都是生活中人机交互的例子，其广泛应用于工业设计、计算机科学、心理学领域。

例如，云道智造基于"PaaS大平台+App小应用"模式建设的工业研发互联网平台Simapps，汇聚海量面向设备/产品的数字孪生（专用设计仿真App），支持设计仿真App的云化零门槛使用，可实现在线协同工作，实现产品的数字化设计、研发、制造、交付和运维的一体化，大幅降低产品设计、生产周期和成本。

（二）数字化管理：从业务驱动到数据驱动

在20世纪，石油是工业的血液，源源不断地推动着生产力的提高，陪伴社会发展从工业1.0到工业3.0；而在21世纪，数据的价值等同于20世纪的石油，驱动着制造业在数字化的管理下进入工业4.0时代。

传统的管理模式基于业务驱动，依赖个人的经验和直觉，节点间信息分享不畅，分析的过程和结果往往难以有效复用，无法满足数字经济时代企业经营管理快速迭代创新的需要。在数字化管理模式中，企业从业务的数字化监测、分析、模拟和计划入手，通过数据挖掘分析，结合虚拟仿真、AR/VR等新兴技术，打造真实映射物理世界的数字孪生世界，持续将业务流程标准化、精细化、可视化，实现员工、业务的集中管控和资源的统筹配置，提升企业关键资源管理能力。

| 知识链接 |

数字孪生

数字孪生是综合运用感知、计算、建模等信息技术，通过软件定义，对物理空间进行描述、诊断、预测、决策，进而实现物理空间与赛博空间交互映射的通用使能技术。

数字化管理模式的典型应用场景主要包括资产管理、运营管理和组织管理。企业基于工业互联网平台可清楚掌握各类资产、经营业务和人员组织的状态变化，通过汇总各项数据支撑重大决策，驱动资产管理优化、生产经营升级和组织变革，充分激发企业发展的积极性、主动性和创造性。

例如，寄云科技基于工业互联网平台打通企业运营和现场管理之间的隔阂，大幅降低企业一体化管理的难度，助力彩虹集团特种玻璃事业部单条生产线运营成本降低20%。

（三）智能化制造：从刚性供给到生产柔性化

"智能"二字是21世纪科技的代名词，像智能手机、智能家电、智能汽车等，而智能化制造顾名思义则是将传统制造变得智能化，是工业4.0的精髓所在。

传统生产线是专线专用的自动化生产线，适用于大批量少品种订单，对多品种、小批量订单存在交货周期不稳定且偏长的问题。在智能化制造模式中，企业基于工业互联网平台全面感知、动态交互的特性，在生产线上密布传感器，对生产线上每个加工配件自动识别，数据传输到工业互联网，调用工业机理模型，确定每个配件的生产路线和工序，从而实现混线生产，提升生产线敏捷和精准的反应能力。

智能化制造的典型应用场景主要包括智能设备、智能生产线、智能服务。企业基于工业互联网平台，对生产过程进行状态监测、故障诊断、预测预警、质量控制以及节能减排管理，实现生产过程的集约高效、动态优化、安全可靠和绿色低碳。

例如，互联网巨头阿里巴巴旗下产品阿里云基于飞象工业互联网平台定制基于人工智能算法的压铸设备图像检测系统，助力企业及时发现残次品，减少故障停机的时间，使人力成本节省15%、产品品质提高5%以上。

| 知识链接 |

人工智能

人工智能（Artificial Intelligence，AI）是研究、开发用于模拟、延伸和扩展人的智能的理论、方法、技术及应用系统的技术科学。人工智能是计算机科学的一个分支，旨在了解智能的实质，并生产出新的能以与人类智能相似的方式作出反应的智能机器。研究领域包括智能机器人、语言识别、图像识别、问题解决和演绎推理、学习和归纳过程等。

（四）个性化定制：从产品中心化到用户中心化

20世纪90年代，我国都市人流的服饰的颜色以黑白为主，款式也相对单一，如今再看，熙熙攘攘人潮中风格各样、颜色艳丽的服装成了城市一道亮丽的风景线。服装的演化见证了社会的发展和时代的变迁，也体现了消费者对产品个性化要求的逐渐提升。

以往制造企业主要面向重点大客户提供统一化、模块化的拳头产品，而长尾经济理论则启示制造企业要同时兼顾具有个性化、定制化需求的用户。在个性化定制新模式中，用户基于平台深度参与产品设计、制造和装配等环节，研发、生产、运维等部门以用户定制需求信息为依据全程响应用户需求，服务边界由销售部门变企业全部门，大幅提高消费自由度。用户与制造企业分离的边界点由前端销售部门不断向企业内部延伸，企业价值链加速由以产品为中心向以用户为中心转变。

个性化定制的典型应用场景主要包括少品种大批量定制、多品种小批量定制、"小作坊"式单件定制。企业基于工业互联网平台梳理和分析客户需求，并将需求信息贯穿于设计、生产、服务等产品全生命周期，自动生成3D打印等工艺的设置参数，精准满足客户定制需求，提升客户满意度。

| 知识链接 |

3D打印

3D打印技术出现在20世纪90年代中期，通过30年不断演化至今，其适用范围已从最初的打印塑料模型到如今打印整体房屋、汽车、航天器材、脊椎等，广泛应用于航空航天、汽车、军事、医疗、教育等领域。与传统制造模式相比，3D打印可以在短时间内根据用户需求完成小批量定制化物件，尤为适合高端定制化产品。此外，借助3D打印技术，企业可以在产品大规模投产之前对设计概念进行可视化，方便产品外观展示、性能测试、装配校核、后续改良等，降低产品研发成本，缩短产品研发周期。

例如，海尔是家电行业开展个性化定制服务的领军企业，其中海尔沈阳电冰箱厂通过部署COSMOPlat工业互联网平台，将客户作为产品生态系统的核心，深刻重塑客户关系，实现从大规模制造到大规模定制模式的业务转型升级，使定制产品不合格率降低59%，生产效率提高79%，企业营业收入上涨44%。

（五）网络化协同：从局部孤岛到互联体系

每个人或许都有过这样的经历，当手机没有信号时，仿佛置身于孤岛之中，与外界失去了联系，而手机也变成了一块

"板砖"失去了使用的价值。制造业同样如此，如果设备离开了网络，产业链条间缺少互联互通体系，数据孤岛问题就会变得突出，生产能力大打折扣。

|知识链接|

数据孤岛

数据孤岛，指的是数据在不同部门相互独立存储、独立维护，彼此间相互孤立，形成了物理上的孤岛。在企业信息化中，还有很多类似的描述，如"数据的污染"等比较形象的说法。产业链中的数据孤岛，一般指的是同一产业链上下游企业之间的数据不能自由流动的现象。

在传统工业体系中，数据由各机构自主存放维护，而且数据逻辑相对孤立，沟通成本高、使用价值低。在网络化协同模式中，企业基于各类工业互联网平台，利用大数据、物联网、人工智能等新一代信息技术，将各生产要素、企业与企业、企业与社会连接起来，构建产品全生命周期的泛在连接，将各生产环节和制造主体统筹起来运作，打通数据孤岛，形成数据联通体系，以数据的自由流动化解工业场景中的不确定性。

网络化协同典型应用场景主要包括协同设计、协同制造、协同运维、供应链协同等。企业基于工业互联网平台汇聚各方资源，实现设计商、制造商、供应商、专业化生产企业的高度协同，推动设计、制造、服务、供应链各环节并行联动，形成跨地域、多专业、多学科高度融合的业务协同模式。

例如，生意帮凭借网络化协同的理念，把"人找产品找供应商"的传统模式，转变为"人找人找产品服务"的互联网模式，通过网络众包分包、精准供应链匹配、全生命周期品控等方式，为创客团队、外贸公司、工厂等提供高性价比的供应链解决方案，包括模具加工、五金加工、表面处理和成品采购等，有利于提高效率、降低成本，加快实现制造业委托外加工环节生产力的智能调度和统筹优化。

（六）服务化延伸：从"卖产品"到"卖服务"

说到"服务"，人们脑中的第一印象无非餐饮、银行、教育等服务行业，如果说作为传统第二产业的机械制造、石油化工等行业也开始向服务业靠拢了，你会想得到吗？

随着生产力水平的提高，产品本身的价值差异缩减，市场需求正从产品导向向"产品＋服务"导向转变，亟须制造企业从传统单一制造环节向价值链两端延伸。在服务化延伸模式中，企业定位从制造商向服务商转变，基于平台将行为触角延伸至产品的整个生命周期，推动业务范围从单纯的生产加工向提供设备运营维护、支撑业务管理决策、满足客户定制需求等服务环节延伸，增加产品附加价值，塑造企业综合优势。同时，企业通过形成基于产品全生命周期的数据流通闭环，促进研发设计、生产制造、运营管理等环节优化升级。

| 知识链接 |

价值链

迈克尔·波特于1985年提出价值链概念：企业的价值创造是通过一系列活动构成的，这些活动可分为基本活动和辅助活动两类，基本活动包括内部后勤、生产作业、外部后勤、市场和销售、服务等；而辅助活动则包括采购、技术开发、人力资源管理和企业基础设施等，这些相互关联的生产经营活动构成了创造价值的动态过程。

服务化延伸的典型应用场景主要包括产品效能提升服务、产业链条增值服务、综合解决方案服务。企业基于工业互联网平台实现对产品的远程互联和数据分析，实现健康管理、远程运维、分享制造、互联网金融、产业孵化等服务模式创新，拓展数字服务领域，重塑企业竞争力。

例如，徐工集团作为我国工程机械行业的排头兵，推出汉云工业互联网平台，针对传统重型机械行业由于生产设备众多，设备健康管理难的问题，为每一台设备做数字画像，将可能损坏的零部件进行提前更换，使设备故障率降低一半。

三、重点行业数字化转型是两化融合的关键点

工作时间到了，工厂员工戴上 VR 眼镜，根据人工智能标注的不同颜色部件和提示，与机械臂配合开展产品组装工作，管理者通过 PAD 上的 App 实时监控生产线的速率、质量等情况，并在产品上贴上二维码的标签。消费者用手机一扫就可以知道产品的生产时间、操作人员等信息，对产品生产情况一目了然。

人工智能的影响力不断提升，人与机器整合发展。当前，第四次工业革命正在席卷全球，推动人类从以"原子"为砖瓦的物理世界迈进以"比特"为建材的赛博世界，为原材料、装

备制造、消费品等重点行业插上数字化转型的翅膀，注入数据驱动的创新基因，使传统产业也充满高科技的独特韵律。

（一）原材料行业：从"傻大黑粗"到"智能引领"

钢铁、煤炭、石化等原材料行业是我国国民经济的重要基础领域，生产过程复杂、机理模型复杂，一个个设备就像一个个的"黑箱"，管理起来难度较大，容易引起生产成本高、环保污染重、资源消耗大等问题，让原材料企业管理者们头痛不已。

| 知识链接 |

黑箱

"黑箱"指的是对特定的系统开展研究时，人们由于操作性、成本等原因，把某一系统或设备作为一个看不透的黑色箱子，由于无法全面了解系统内部的结构和相互关系，仅从其输入、输出的特点了解该系统规律。

一方面，原材料产业是高耗能、高污染、高排放的代表性行业，在碳达峰、碳中和战略持续实施的同时，企业面临的环保成本急剧上升，亟须转变发展理念，加快由以前单纯追求产量扩张的粗放型生产方式向追求优质低碳的清洁型生产方式转变。另一方面，原材料行业生产环节众多、生产工艺繁复，对冶炼过程、冶炼配方、设备维护、经营管理等特定知识的依赖程度很高，并通常部署高炉、空压机等多类设备，以往只能基于熟练工人的经验判断，很难准确识别设备故障并维修，容易造成产品质量波动。

* 某钢铁厂打造的数字孪生车间

　　针对以上问题，宝钢、中石油、东方国信等原材料企业和服务商快速行动，围绕设备全生命周期管理、工艺智能优化和智能物流调配等持续优化技术供给，打造了一批具有行业特色的数字化转型解决方案，成为原材料行业中的"明星企业"。

　　设备全生命周期管理：通过实时采集高炉等高价值设备的运行数据，结合设备故障诊断模型，自动预警设备故障并确定最优设备维护方案，实现设备预测性维护。例如，宝钢集团面向钢铁行业设备远程运维建立了工业互联网平台，促进了设备维修实现从被动处理到主动管控，使设备运维成本降低5%以上、检修作业效率提升10%以上。

　　工艺智能优化：在实际生产加工前，对物资原料、工艺流程、加工设备等进行数字孪生建模，对工艺配方、工艺流程等全方位模拟仿真，优化原料配比参数和装置路径，得出最优的加工生产方案。例如，中石油云南石化对加工原油的炼化工艺流程进行模拟分析，明确各项操作参数，从而指导生产操作，实现了常减压装置1次开车成功，制氢联合装置核心设备投产1次成功。

智能物流调配：基于平台实时采集和分析供应链运行情况，识别资源配置低效的环节，提出改进方案，提高企业内部资源配置效率。例如，G7智联聚焦煤炭等原材料运输，依托平台动态监控故障事故、司机行为等事件，每5分钟更新一次风险判别，推动企业运输效率提升5倍，运输成本下降10%，安全指数提升2倍。

绿色制造：基于平台实现能源生产、能源消耗数据的自动实时采集、集中监视，并基于数据进行能源智能管理、能源供需平衡、能源预测优化，生成高效的能源利用方案，减少能耗成本。例如，酒钢集团使用了东方国信炼铁平台后，单座高炉每年减少碳排放20000吨。

（二）装备制造行业：从"各自为战"到"集团作战"

"嫦娥"奔月成功、奋斗者万米深潜、国产大飞机上天……近年来我国科技领域捷报频传，航天、船舶、轨道交通、工程机械、汽车等装备制造行业更是经常有"大国重器"的新闻诉诸报端。然而，这些行业中有的企业还是采用传统的大规模集中生产模式，如果不同企业之间数据不流动、人员不流通、知识不互动，整个行业就容易成为一潭"死水"，不利于行业的长期发展。

一方面，近年来部分装备制造企业的制造能力存在过剩现象，市场需求出现结构性不足，依靠生产要素投入和廉价劳动力转化的传统盈利模式难以为继，亟须加快服务化升级，打造"产品＋智能系统＋配套服务"的整体方案，增强用户黏性，提高用户满意度。另一方面，传统装备制造行业研发设计需要用到多种辅助软件，研发设计流程冗长复杂，研发成本居高不下，既要求尽量采用灵活的零部件管理来降低运营成本，又需要保证交付的速度，企业相当于在"鸡蛋上跳舞"，面临较大成本压力。

针对以上问题，徐工集团、潍柴动力、沪东中华等一批装备制造企业积极引入新一代信息技术，有效提升研发设计、供应链综合管理、运维服务等环节的数字化、网络化、智能化水平，形成了一批可复制、可推广的数字化转型解决方案，为其他企业转型树立了"灯塔"。

基于三维模型的协同设计：通过在工业互联网平台部署CAE、CAD等设计相关功能模块，在虚拟空间对船舶模型进行碰撞仿真、结构仿真和流体仿真等测试，降低样品试制成本，并缩短产品研发周期。例如，沪东中华使用自主研发的SPD三维设计制造系统，支持船舶机电全专业设计建模及工艺完整性定义，通过在计算机上虚拟造船，融合各专业并行开工，减少船体建造过程中的错误率。

供应链综合管理：加强生产制造过程的实时监测、数据采集、智能分析，建立供应商关系维护、对接、交流平台，严密把控市场动向，确保零部件高效供应，保障生产维修需求。例如，徐工集团基于汉云工业互联网平台，实现备品备件的计划、采购、库存、供销、追溯功能一体化，通过大数据分析持续优化备品备件管理体系，打破生产商和分销商信息孤岛，提升分拣效率8%，提升仓库利用率6%，降低备件库存8%，提高库存周转率5%。

智能服务升级：基于平台为消费者参与生产提供数据入口，挖掘数据的有效价值，探索开展个性化定制、服务化延伸等新模式新业态，推动企业由"卖产品"向"卖服务"转变。例如，潍柴为车辆加装T-BOX，通过工业互联网平台与柴油发动机ECU配合，实现远程解锁车功能，当用户出现违约等情况时，可远程给予锁车处理，有效避免贷款违约风险，为客户提供有效的金融业务支持。

| 知识链接 |

ECU

电子控制单元（Electronic Control Unit，ECU），又称"行车电脑""车载电脑"等，具有运算与控制的功能，发动机在运行时，它采集各传感器的信号，进行运算，并将运算的结果转变为控制信号，控制被控对象的工作。

（三）消费品行业：从规模化生产到定制化生产

曾几何时，"苹果""三星"等品牌就是"质量"和"科技"的代名词。现在，以手机为代表的消费品行业发展日新月异，小米、OPPO、vivo等品牌受到全球消费者青睐。然而，家电、电子等消费品行业快速发展的背后，是部分企业采用传统方式生产越来越"吃力"，难以有效满足下游日益多元化、个性化、碎片化的需求，成本压力越来越大，一批知名企业也面临着不适应现代消费习惯的"中年危机"。

|知识链接|

产品生命周期管理

产品生命周期管理（Product Life-Cycle Management, PLM），是指覆盖从产品需求到报废全部环节的管理过程，具体包括产品战略、产品市场、产品需求、产品规划、产品开发、产品上市、产品管理等。

一方面，消费者对产品的需求日趋多样化，对产品质量、功能等提出越来越"刁钻"的要求。特别是"90后""00后"的新一代消费者们，表达自身诉求意愿旺盛，企业价值链正加速由以产品为中心向以用户为中心转变。另一方面，随着消费品产业和新一代信息技术的飞速发展，消费产品加速向小型化、精密化、集成化演进，对制造工艺的速度、精度、可靠性提出了更高的要求。

针对以上痛点，海尔、酷特智能腾讯等企业聚焦定制生产、质量管控、供应链管理等环节，以用户需求和数据为核心，真正"以用户为核心"，打造符合消费品行业特色的数字化转型解决方案，走出了独具特色的中国方案。

个性化定制生产：通过产业数字平台建立定制化产品设计体系，使用户全流程参与需求交互、产品设计、生产制造、物流交付等产品全过程。例如，青岛酷特智能聚焦服装C2M产业互联网平台–SUITID的建设，通过数据驱动来实现从客户需求到研发设计、面辅料管理、生产制造，再到客服、

物流等服装全价值链条的一站式解决。SUITID平台的核心为
"定制数据大脑"，包含了版型、工艺、款式、BOM四大数据
库，百万万亿量级的数据可以满足99.99%的人体个性化定制
需要。

* 满足个性化定制的酷特智能生产车间

　　精细化质量管控：利用机器视觉、人工智能技术，结合产
品质量分析模型，及时发现潜在质量问题。基于平台打通原料
供应、元器件生产、零部件生产、组装加工、集成销售、运维
等产品全生命周期的质量数据，实现产品全生命周期的质量跟
踪，提升产品质量控制精度等。例如，腾讯运用深度学习、缺
陷分类和知识图谱技术，助力华星光电构建面板检测模型，并
使用实际生产数据优化模型，使质量缺陷识别速度提升10倍，
缩短生产周期40%，缩减人力50%。

　　智能化供应管理：企业基于平台打通产业链上下游各环节，
实现跨部门、跨企业的数据互联互通，促进资源优化配置和开
放共享。例如，海尔集团基于卡奥斯COSMOPlat平台，构建
了用户、企业、资源多边交互的共创共赢生态，助力生态各方

生产方式向大规模定制，商业模式向增值分享转变，目前已赋能化工、模具、能源等15个行业，链接80万家企业，覆盖全国12个区域。

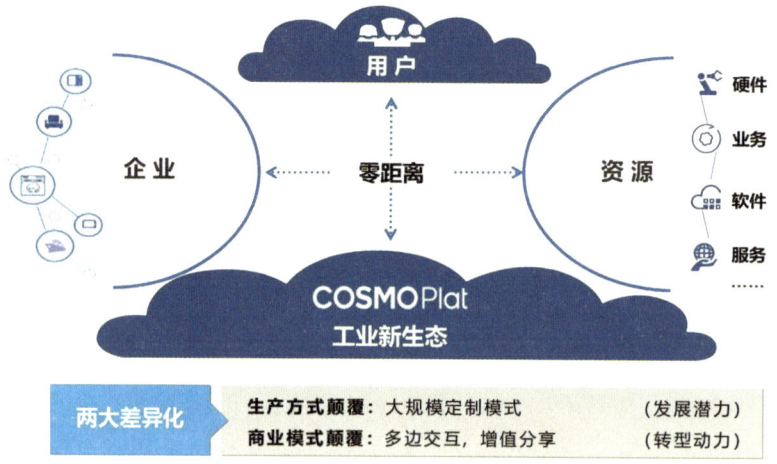

* 海尔基于卡奥斯COSMOPlat平台打造的共创共赢产业生态

第 **8** 章

制造强国是实现"两个一百年"奋斗目标的
强力支撑

加快建设制造强国，加快发展先进制造业，推动互联网、大数据、人工智能和实体经济深度融合，在中高端消费、创新引领、绿色低碳、共享经济、现代供应链、人力资本服务等领域培育新增长点、形成新动能。

——习近平总书记在中国共产党第十九次全国代表大会上的报告（2017年10月18日）

制造业是经济社会发展、人民生活改善、国际竞争力提升和国防安全保障的重要基础。从全球主要强国的发展历程来看，没有强大的制造业，就不可能成为世界大国和强国。我们必须牢牢把握发展主动权，深入实施制造强国战略，保持制造业占比基本稳定，推动制造业高质量发展，为实现"两个一百年"奋斗目标提供强有力的战略支撑。

一、建设制造强国需要做到五个"坚持"

（一）坚持创新引领，不断完善制造业技术创新体系

技术创新是推动制造业发展的第一动力，我们要把提升制造业创新能力作为制造强国建设的首要工作。第一，以国家和省级制造业创新中心为依托，制造企业、高校科研院所协同发力，聚焦制约制造业发展的"卡脖子"技术需求，加快建立"产学研用"协同创新体系。第二，推动高校、科研院所与各个环节的制造企业加强对接，突破技术研发、工业设计、产品制造、检测认证、市场推广、科技服务的"一条龙"研发与成果转化的瓶颈。第三，加快实施"引进来"和"走出去"的双向对外合作战略，与全球范围内其他国家和地区的科技创新机构开展合作，为我国制造企业创新发展提供技术支撑。第四，倡导创新文化，弘扬崇尚创新、敢为人先的精神，宽容失败，鼓励"大众创业、万众创新"，让创新在全社会蔚然成风。

国家制造业创新中心

序号	年份	名称	所在地区
1	2016	国家动力电池创新中心	北京
2	2017	国家增材制造创新中心	陕西西安
3	2018	国家印刷及柔性显示创新中心	广东广州
4	2018	国家信息光电子创新中心	湖北武汉
5	2018	国家机器人创新中心	辽宁沈阳
6	2018	国家智能传感器创新中心	上海
7	2018	国家集成电路创新中心	上海
8	2018	国家数字化设计与制造创新中心	湖北武汉
9	2018	国家轻量化材料成形技术及装备创新中心	北京
10	2019	国家先进轨道交通装备创新中心	湖南株洲
11	2019	国家农机装备创新中心	河南洛阳
12	2019	国家智能网联汽车创新中心	北京
13	2019	国家先进功能纤维创新中心	江苏苏州
14	2020	国家稀土功能材料创新中心	江西赣州
15	2020	国家集成电路特色工艺及封装测试创新中心	江苏无锡
16	2020	国家高性能医疗器械创新中心	广东深圳

（二）坚持质量为先，全面提升产品和服务质量

产品、服务的质量和品牌是制造业竞争的重要方面，我们要弘扬崇尚精益求精的"工匠精神"，将"三品"战略理念融入制造业发展的各个领域。第一，制造企业需要适应国内消费者消费升级的需要，对标国际先进水平，全面提升产品和服务质量。第二，谁制定了标准，谁就在行业内拥有重要的话语权。国内制造企业应积极参与国际标准制定，提高标准输出能力。与此同时，推行企业标准"领跑者"制度，鼓励优势企业积极开展标准创新升级，抢占标准竞争制高点。第三，我国制造企业应在产品设计开发、外形包装、市场营销等方面体现人性化

和精细化，丰富和细化消费品种类，通过设计、研发深度挖掘用户的需求。第四，随着我国国内消费不断升级，消费者对产品质量和性能都有了更高的要求。因此，加快质量监督和追溯体系建设，建立质量"白名单"和"黑名单"，加大对产业和服务违法、假冒行为的打击和惩处力度，为制造业质量和消费升级提供有力支撑。

| 知识链接 |

"三品"战略

　　为促进消费品工业向中高端迈进，2016年，国务院发布了《关于开展消费品工业"三品"专项行动营造良好市场环境的若干意见》，实施"增品种、提品质、创品牌"的

* 凭借严苛的质量管理，君乐宝婴幼儿奶粉在全球奶粉行业率先通过了食品安全全球标准BRC A+顶级认证。图为君乐宝乳业智能化奶粉生产线

"三品"战略成为全面提升消费品工业质量品牌的重要指南。"增品种"方面，主要支持企业适应并引领消费升级趋势，聚焦消费者需求，积极开展定制化、个性化、柔性化生产，增加并细化消费品种类；"提品质"方面，弘扬"工匠精神"，引导企业树立质量为先的经营理念，立足大众消费品生产推进"品质革命"，走以质取胜、质量强国的发展道路；"创品牌"方面，引导企业增强品牌意识，夯实品牌发展基础，提升产品附加值和软实力，推动中国产品向中国品牌转变。

（三）坚持工业化和信息化深度融合，推动制造业数字化、网络化、智能化发展

以新一代信息技术为核心，新一代科技革命和产业变革孕育兴起，制造业与信息技术的融合发展为我国站上新一轮发展制高点、构筑国际竞争新优势提供了有利契机。第一，我们要坚持以智能制造作为工业化和信息化融合的主攻方向，发挥产业和技术双重优势，加快互联网、大数据、人工智能等新一代信息技术与制造业的深度融合。第二，进一步增加国家在信息基础设施、数据资源、大科学工程、重大公共技术平台的资金投入，推动政府基础信息、数据的对外开放，让科研机构、企业能够共享沉淀在政府机构的数据信息，激发创新和融合活力。第三，利用新一代信息技术对传统制造业进行全流程的改造，大力发展"智能＋"型产业，提高全要素生产率，释放数据、知识等生产要素对制造业发展的作用，打造一批平台生态型企业，构筑形成数字化、网络化、智能化、服务化、协同化

的制造业发展新格局。

<拓展阅读>

　　360集团:"上山下海"护航数字经济发展

　　三六零安全科技股份有限公司(以下简称"360")是国内网络安全龙头企业,始终践行创新驱动发展战略,坚持科技报国理念,发挥"上山下海"精神——上科技高山,下数字化蓝海,为国家、城市、产业、企业数字安全全面赋能。360持续加大研发,累计投入260亿元,拥有人工智能、网络攻防、漏洞、智能网联汽车、数据安全、云安全、工业互联网等多个网络安全研究中心,创造了一大批"撒手锏"技术和硬科技成果,拥有国内专利申请量12755项,其中,发明专利申请量11312项,网络安全专利超过5100项,在安全领域处于绝对领先地位。360构建的面向数字时代的新安全体系,已相继服务于重庆、天津、青岛、鹤壁、苏州、上海等城市的安全基础设施建

　　＊ 360企业安全云

设和运营，树立了标志性的城市安全服务典范。360运用云计算、大数据、人工智能等数字技术与各行各业深度融合，帮助企业优化业务流程、改造商业模式，把数字化基因融入传统企业特别是中小企业。目前，360企业安全云已为40万家中小企业、1500家高等院校、5000家基础教育院校、100家地方体育局、1000家银行网点、3500家医疗卫生保健机构等提供了免费的安全服务和SaaS化服务，累计覆盖500万个终端，日均检测样本千万级，扫描并修复企业网络漏洞百万余个，大幅度降低了中小企业的数字化成本。

（四）坚持优化升级，加快新旧动能转换

当前，我国传统制造业占比较高，仍然是制造业的主体，因此，要持续深化供给侧结构性改革，加快新旧动能转换，着力优化提升"旧"动能，加快培育"新"动能。第一，充分运用市场化、法治化手段去除低端过剩产能，稳妥处置"僵尸企业"，为"旧"动能瘦身健体、转型升级，为"新"动能发展腾挪空间、快速提升。第二，瞄准世界先进水平，不断推进制造业技术改造与设备更新换代，提高制造业生产效率和产品附加值，提升我国制造业的综合竞争力。第三，积极布局人工智能、新材料、新能源、生物医药、量子科技等新技术新产业，加快培育世界级先进制造业集群。在先进制造业集群内同时配套发展研发设计、检验检测、物流、金融、科技服务等现代服务业，逐步形成先进制造业与现代服务业资源共享、共融共生的协同发展格局。

| 知识链接 |

供给侧与需求侧

供给侧与需求侧都是经济学术语，离开需求，供给将变得无效；没有供给，需求也无法得到满足，因此，国民经济各个行业的平稳发展均取决于其供给和需求的相对平衡。总体来看，供给侧主要是劳动力、资本、制度、创新、资源等投入要素，需求侧则主要是"三驾马车"——投资、消费、出口。改革开放以来，通过需求侧"三驾马车"的拉动，我国制造业实现了持续的高速增长，但随着人口红利衰减、国际经济格局深刻调整等一系列内外部影响，我国传统制造业发展的成本优势逐渐减弱，生态环境与资源要素的承载能力也逼近上限。基于此，在重视需求侧管理的同时，迫切需要进行供给侧结构性改革。2015

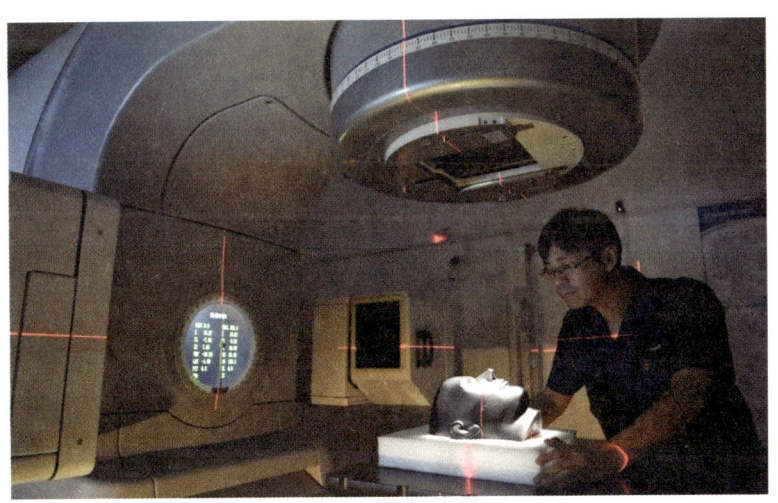

* 山东新华医疗器械股份有限公司容积影像多模式引导的高强度加速器精准放疗系统，大大缩短肿瘤患者放射治疗时间，代表国产高能影像引导加速器的先进水平

年11月，习近平总书记主持召开中央财经领导小组第十一次会议强调，要着力加强供给侧结构性改革。供给侧结构性改革自此成为推动我国经济尤其是制造业高质量发展的主线。

（五）坚持绿色发展理念，推动制造业生态化发展

在环境约束趋紧的压力下，我国制造业传统发展模式已难以为继，我们要围绕碳达峰、碳中和的目标节点，加大制造业节能减排力度，有效调控高能耗、高排放产业产能，重点发展节能环保技术，着力打造绿色制造业体系，引导制造企业建设绿色工厂、绿色园区和绿色供应链，推动形成绿色低碳循环发展新方式。第一，聚焦长江经济带、黄河流域、京津冀等重点地区，对电力、钢铁、水泥、造纸、石化等重点高耗能行业实施重点监测，推动能源利用高效低碳化改造、废弃物循环利用改造、生产过程清洁化改造，加快节能环保、循环发展的新技术、新模式、新产品、新工艺推广示范应用。第二，推行合同能源管理，推动形成绿色低碳循环发展新方式。大力发展节能环保产业、新能源产业、清洁生产产业、清洁能源产业，加快构建新能源汽车动力蓄电池回收利用体系，推进高端智能再制造，打造绿色发展新动能。

| 知识链接 |

碳达峰、碳中和

碳达峰，是指在某一时点，二氧化碳排放达到峰值之后不再增长并逐步回落。碳中和，则是指一定时间内直接

或间接产生的二氧化碳排放总量，通过植树造林、节能减排等形式抵消二氧化碳排放量，实现二氧化碳整体的"零排放"。随着各国二氧化碳不断排放，全球温室气体猛增，由此带来的气候变化成为人类面临的全球性问题。在这一背景下，2020年9月，国家主席习近平在第七十五届联合国大会一般性辩论上向世界宣布，我国将力争于2030年前实现碳达峰，努力争取2060年前实现碳中和。从碳达峰到碳中和，发达国家一般都有60—70年的过渡期，而我国则只有约30年的时间。这意味着，我国温室气体减排的压力以及由此对制造业发展产生的影响都要比发达国家大得多，体现了我国基于推动构建人类命运共同体的大国担当。

二、建设制造强国需要你我共参与

建设制造强国是大势所趋，更是在我国的制造业取得了一定的成就时必须实施的重大战略部署。"乘众人之智，则无不任也；用众人之力，则无不胜也。"建设制造强国需要我们把各方面的积极性调动起来，形成中央和地方、国企和民企、集体与个人共同来推动制造强国建设的局面。

（一）建设制造强国需要政府部门加强组织引导、深化体制改革、完善政策支持，为制造业发展创造良好环境

第一，深化"放管服"改革，最大限度减少政府对市场活动的直接干预，引导技术、人才、劳动力、资本等生产要素发挥叠加效应，协同投向实体经济特别是先进制造业。第二，落

实减税降费系列举措，降低制造企业税费成本，为制造企业生存发展带来更加广阔的空间和无限的商机。第三，创新产业政策的作用方式，突出功能性、普惠性，减少事前审批，加强事中事后监管，进一步激发市场主体活力和创造力。第四，优化知识产权公共服务，推进知识产权国际合作，实行更加严格的知识产权保护，为制造企业营造稳定、公平、透明、法治化、可预期的发展环境。第五，加强对落实制造强国建设各项相关政策的解读，发挥新闻媒体和网络媒体作用，确保相关政策宣传到位、解读到位、执行到位。如对于"首台套"政策，目前还需要通过宣传引导，让更多的企业和个人接受并使用，形成支持其发展的共识。

| 知识链接 |

首台套

首台（套）重大技术装备（以下简称首台套）是指国内实现重大技术突破、拥有知识产权、尚未取得市场业绩的装备产品，包括前三台（套）或批（次）成套设备、整机设备及核心部件、控制系统、基础材料、软件系统等。2018年4月，国家发展改革委、科技部、工业和信息化部、司法部、财政部、国资委、市场监管总局、知识产权局联合发布了《关于促进首台（套）重大技术装备示范应用的意见》，提出了重大技术装备研发创新体系、首台套检测评定体系、示范应用体系、政策支撑体系等，有效推动了我国首台套示范应用取得实质性进展，为装备制造业迈向中高端奠定了坚实基础。

＊ 山推集团智能化生产线。山推集团推出了全球首台纯电动推土机SD17E-X、国内首台无人驾驶推土机DH17-C2U

（二）建设制造强国需要各地因地制宜、科学规划、突出重点，抓好制造强国战略推进实施

　　各地应高度重视制造业发展，明确制造业在产业发展中的重要性，真正把工作的重心转到协调解决制造企业创新、用工、融资以及重大项目建设中遇到的问题和落实有关产业政策上来，保持制造业比重基本稳定，有效推动制造业高质量发展。第一，建立各地推进制造业高质量发展的指标监测体系，明确责任部门，实施动态统计监测，及时向全社会公布相关数据与工作推进情况。第二，建立健全考核机制，将主要指标纳入相关部门重点考核范围。强化重大事项分工方案的督导，适时开展实施评估，推动各项工作任务落实。对考评结果予以公示，根据考核结果，对工作开展良好的区域和部门加大政策支持力度，并将典型工作经验进行宣传推广；对工作开展不佳的区域和部门，

予以引导和督促，确保相关工作落实取得实效。

| 知识链接 |

浙江省发布《制造强省建设行动计划》

近年来，浙江省通过实施数字经济"一号工程"、推进传统制造业改造提升、实施创新驱动发展战略，着力增动能、调结构、优环境，制造业发展取得显著成效。为深入贯彻落实制造强国战略，浙江省在"八八战略"指引下，于2020年2月印发了《制造强省建设行动计划》（以下简称《行动计划》），对制造强省建设作出部署。《行动计划》提出了"四个定位"，即全球先进制造业基地定位、全球数字经济创新高地定位、全国制造业绿色发展标杆地定位、全国制造业人才集聚地定位，重点发展新一代信息技术产业、工业互联网、生物医药和高性能医疗器械、新材料、汽车产业、高端装备、绿色石油化工、新能源及新能源装备、现代纺织与时尚轻工9个产业领域，明确了制造强省建设的重点工作与方向。

（三）建设制造强国需要相关企业承担起主体责任，发挥好制造强国建设的主力军、排头兵作用

企业是推动经济社会发展的主体，更是制造强国建设的主要推动力。广大制造企业应不断推陈出新，大胆探索新技术、新业态、新模式，为制造业高质量发展提供重要支撑。第一，大型骨干企业应聚焦主业，加强技术创新、模式创新与管理创新，不断做大做强，努力打造上下游协同、核心竞争力强的世界一流的

制造业企业集团。第二，优势企业应规模化、股份化、集团化经营，通过"整装＋零配件""制造＋维护保养""生产＋应用集成"等发展模式，努力形成一批相互配套、功能互补、联系紧密的龙头企业集群。第三，作为我国数量最大、最活跃的市场主体，中小微企业应向"专精特新"发展，通过主业聚焦与技术创新，不断巩固在细分领域的市场地位和技术优势，争创位居全国前列的"隐形冠军"和"单项冠军"企业。

＊ 兖矿东华重工以高端煤机装备为主导，主导产品涉及支护、掘进、输送、电气、橡塑、环保节能及矿用配件等七大系列，自主研发的ZY21000型液压支架技术水平世界领先

（四）建设制造强国需要科研院所和高等院校加强基础研究，突破共性技术，推动成果转化，抓好人才培养

制造业的竞争归根结底还是技术和人才的竞争，在制造强

国建设过程中，科研院所和高等院校应成为创新引领的主力军和排头兵。第一，发挥高校、科研院所科技资源丰富、学科门类齐全、科技人才集聚等独特优势，努力瞄准世界科技前沿，合理高效配置创新资源，加强对前沿引领技术、关键共性技术、现代工程技术、颠覆性技术的攻关创新，在服务国家实现高科技人才梯队建设以及掌握创新主动权方面担当重要责任。第二，加快创新体制机制改革，探索实行代表性成果评价，重点评价成果质量、原创价值和对经济社会发展的实际贡献，打破"唯论文""唯职称""唯课题项目"等僵化的评价机制，鼓励科研人员把更多时间和精力用在科学研究上，真正担当起关键核心技术攻关的时代重任。

* 中国科学院生态环境研究中心与北京华科仪科技股份有限公司基于水专项成果进行产业化合作，成功推出国内首台套的基于人工智能技术的 HK-8610 两虫检测自动识别系统

（五）建设制造强国需要金融机构强化为实体经济服务的理念，为建设制造强国提供全方位的金融服务

以制造业为代表的实体经济是金融的根基，金融是实体经济的血液，二者是互相促进、相辅相成的，在制造强国建设过程中，金融业应主动作为。第一，利用现代信息技术，建立智能化、生态化的风控系统，全方位提高制造业融资的风险管理技术，建立现代化、信息化、智能化、生态化、专业化的制造业金融风险管理的理论体系和技术体系，形成"供应链金融＋区块链"的模式。第二，畅通企业融资诉求渠道，建立信息共享平台，通过区块链技术将产业链上下游的数据衔接，加快发展基于生产运营数据的企业征信和线上快速借贷，增加金融机构对企业融资能力的评价维度，真正甄别出哪些是真正有订单、有发展潜力但短期缺乏资金的企业并给予融资。

| 知识链接 |

供应链金融＋区块链

在我国，除自身原因之外，许多企业在实际经营中大量采用赊销模式延期结算，由此形成的应收账款滞压导致企业融资难、融资贵等问题比较突出，制约着企业的资金周转和可持续发展。因此，缓解中小企业融资难，盘活应收账款是关键之一。"供应链金融＋区块链"能有效解决制造企业供应链上的应收账款难题。通过利用区块链技术的去中心化、公开透明、智能合约、不可篡改等特性，供应链上的核心企业可以通过签发区块链应收账款在供应链内流转，相关配套企业在收到其签发的区块链应收账款后，不仅可以分拆流转

给上游供应商，还可以随时转让给金融机构进行融资，从而有效化解资金链难题，助力制造企业融资畅通。

（六）建设制造强国需要智库和专家学者积极建言献策，提供广泛智力支持

我国在制造业领域拥有一批以国家制造强国建设战略咨询委员会等为代表的高水平智库和专家学者，在制造强国建设过程中，智库和专家学者应充分发挥智囊团和思想库的作用。第一，相关领域的智库、专家学者、行业领袖等应发挥自身优势，站在全球视野和全局发展的高度，重点聚焦制造业发展重大问题，深入研究、独立开展政策评估，做好政府决策部门的"好帮手"。第二，对接国家重大发展规划和发展战略，对制造强国建设过程中的技术选择、规划编制、项目建设、政策制定等进行论证，推动科学决策，有力推进行业治理体系和治理能力现代化。第三，加强国际智库平台对话和国际合作项目研究，提出前瞻性、专业化、建设性的政策建议，发挥好指导、咨询作用，为制造业高质量发展、制造强国建设提供更多智力支持。

| 知识链接 |

国家高端智库

智库是国家软实力的重要组成部分，对政府决策、企业发展、社会舆论与公共知识传播具有重要影响。多年来，面对错综复杂的国际国内问题，智库在各国、各地区经济社会发展和国际事务中的地位和重要作用日益凸显。近年来，习近平总书记多次对智库建设工作作出重要批示，指

出智库是国家软实力的重要组成部分，要高度重视、积极探索中国特色新型智库的组织形式和管理方式等。2015年，中共中央办公厅、国务院办公厅印发了《关于加强中国特色新型智库建设的意见》。经中央全面深化改革委员会会议审议批准，2015年（第一批，25家）与2020年（第一批，4家）共有国务院发展研究中心、中国社会科学院等29家单位进入"国家高端智库"建设试点单位名单。

国家高端智库名单

序号	类别	智库单位
1	党中央、国务院、中央军委直属的综合性研究机构（9家）	国务院发展研究中心、中国社会科学院、中国科学院、中国工程院、中央党校（国家行政学院）、中央编译局、新华社、军事科学院和国防大学
2	依托大学和科研机构形成的专业性智库（17家）	中国社会科学院国家金融与发展实验室、中国社会科学院国家全球战略智库、中国现代关系研究院、国家发改委宏观经济研究院、商务部国际贸易经济合作研究院、中国财政科学研究院、中国科学技术发展战略研究院、中国国际问题研究院、北京大学国家发展研究院、清华大学国情研究院、中国人民大学国家发展与战略研究院、复旦大学中国研究院、武汉大学国际法研究所、中山大学粤港澳发展研究院、浙江大学区域协调发展研究中心、北京师范大学中国教育与社会发展研究院、上海社会科学院
3	依托大型国有企业形成的专业性智库（1家）	中国石油经济技术研究院
4	基础较好的社会智库（2家）	中国国际经济交流中心和综合开发研究院（深圳）

（七）建设制造强国需要广大青年不断进行知识学习和技能学习，为建设制造强国提供青春力量

技能人才队伍是实现制造强国战略目标的核心力量，而高

技能青年则是高技能人才队伍不断壮大的动力源泉。习近平总书记对我国技能选手在第45届世界技能大赛上取得佳绩作出重要指示，强调要在全社会弘扬精益求精的工匠精神，激励广大青年走技能成才、技能报国之路。在制造强国建设过程中，需要广大青年学习技能，实现技能成才、技能报国。第一，广大青年应以民族复兴、国强民富为己任，响应"技能成才、技能报国"的号召，自觉加强学习，积极投身制造业的各领域、全流程，为制造强国建设做出自己最大的贡献。第二，广大青年不仅要有高超精湛的技艺，更要传承和发扬工匠精神，坚持"十年磨一剑"，执着专注、精益求精、追求卓越，为中国制造注入青年力量。

| 知识链接 |

世界技能大赛

世界技能大赛是全世界最高层级的职业技能赛事，每两年举办一次，被誉为技能届的"奥林匹克"。世界技能大赛竞赛内容涵盖艺术创作与时装、建筑与工艺技术、信息与通信技术、制造与工程技术、社会与私人服务、运输与物流等众多领域。2019年8月22日至27日，第45届世界技能大赛在俄罗斯喀山举办。经过激烈角逐，中国代表团荣登金牌榜、奖牌榜、团体总分第一，其中数控车、数控铣、焊接、综合机械与自动化、制造团队挑战赛、建筑石雕、车身修理、电子技术、电气装置、砌筑、移动机器人、花艺、美发、时装技术、混凝土建筑、水处理技术等方面获得金牌，获奖选手成为各界争抢的"香饽饽"，有的选手甚至被企业开出几十万元年薪"抢人"。

后 记

在国际产业竞争日趋激烈、国内经济转型提档的关键时期，加快建设制造强国、促进制造业高质量发展的意义显得尤为关键。制造业不仅是突破"卡脖子"瓶颈的关键战场，更是提升我国国际竞争力、实现共同富裕的重要手段。在实现"两个一百年"奋斗目标过程中，为更好号召广大青年参与制造强国建设，我们编写了《建设制造强国》一书。

本书共分为八章，从历史、现实、未来等不同角度全方位、系统性阐述了我国制造强国建设的主要内容。中国电子信息产业发展研究院（工业和信息化部赛迪研究院）党委书记、副院长刘文强担任本书主编，王昊、关兵担任副主编。编写组成员来自赛迪研究院工业经济研究所、规划研究所、科技与标准研究所、中小企业研究所、信息化与软件产业研究所等不同部门。其中，第一章由张文会负责撰写，第二章由苍岚负责撰写，第三章由程楠、曹茜芮、王舒磊、郝伟伟负责撰写，第三章由程楠、曹茜芮、王舒磊、郝伟伟负责撰写，第四章由程楠、杨幸、谭俊彬、王易之（北京大学光华管理学院）负责撰写，第五章由何颖、宋亮、延玲玲负责撰写，第六章由杨东日、王世崇、李恺、王也、陈宇铎负责撰写，第七章由姚磊、宋颖昌、张朝、李奕晨负责撰写，第八章由韩建飞负责撰写。

　　本书在编写过程中得到了中央有关部门和部分单位负责同志以及专家学者的大力支持。共青团中央以及中国青年出版社等部门和单位，顾保国、董振华、皮钧、陈章乐、李师东、侯群雄等同志提出了宝贵意见，在此表示衷心的感谢。

　　本书参阅和吸取了国内学者以及其他渠道的研究成果，在此，我们对原作者表示最真挚的谢意。

　　受编写组自身研究水平所限，本书在呈现制造强国建设全貌方面难免存在一些不足与缺陷，恳请各方面专家学者和广大读者给予理解，并提出宝贵的建设性意见和建议。本书编写组成员均为工业和信息化系统的一线工作人员，愿与广大青年们一起，为早日实现制造强国而努力奋斗！

编写组
2022年9月

图书在版编目（CIP）数据

建设制造强国 / 刘文强主编. —北京：中国青年出版社，2022.8
ISBN 978-7-5153-6687-6

Ⅰ.①建… Ⅱ.①刘… Ⅲ.①制造工业－经济发展战略－研究
－中国 Ⅳ.①F426.4

中国版本图书馆CIP数据核字（2022）第101389号

"问道·强国之路"丛书
《建设制造强国》
主　　编　刘文强

责任编辑　侯群雄
出版发行　中国青年出版社
社　　址　北京市东城区东四十二条21号（邮政编码 100708）
网　　址　www.cyp.com.cn
编辑中心　010-57350401
营销中心　010-57350370
经　　销　新华书店
印　　刷　北京中科印刷有限公司
规　　格　710×1000mm　1/16
印　　张　14.25
字　　数　171千字
版　　次　2022年9月北京第1版
印　　次　2022年9月北京第1次印刷
定　　价　45.00元

本图书如有印装质量问题，请凭购书发票与质检部联系调换。电话：010-57350337